授業の腕が上がる新法則シリーズ

# 「図画工作」
## 4〜6年生編
# 授業の腕が上がる新法則

監修　**谷 和樹**

編集　**酒井臣吾・上木信弘**

学芸みらい社
GAKUGEI MIRAISHA

# 刊行のことば

谷　和樹（玉川大学教職大学院教授）

## 1　「本人の選択」を必要とする時代へ

　今、不登校の子どもたちは、どれくらいいるのでしょうか。

約16万人[1]

　この数は、令和元年度まで6年間連続で増え続けています。小学校では、144人に1人、中学校では、27人に1人が不登校です。

　学校に行けない原因が子どもたちにあるとばかりは言えません。もちろん、社会環境も変化していますから、学校にだけ責任があるとも言えません。しかし、学校の授業やシステムにも何らかの問題があると思えます。

　以前、アメリカでPBIS（ポジティブな行動介入と支援）というシステムを取り入れている学校を視察しました。印象的だったのは「本人の選択」という考え方が浸透していたことです。その時の子ども本人の心や体の状態によって、できることは違います。それを確認し、あくまでも本人にその時の行動を選ばせるという方法です。

　これと教科の指導とを同じに考えることはできないかも知れません。しかし、「本人の選択」を可能にする学習サービスが世界的に広がり、増え続けていることもまた事実です。例えば「TOSSランド」は子ども用サイトではありませんが、お家の方や子どもたちがご覧になって勉強に役立てることのできるページもたくさんあります。他にも、次のようなものがあります。

①オンラインおうち学校[2]
②Khan Academy[3]
③TOSSランド[4]

　さて、本書ではこうしたニーズにできるだけ答えたいと思いました。

> 激動する社会の変化に対応する教育へのパラダイムシフト〜子どもたち
> 「本人の選択」を保障する考え方、そして幅広い「デジタル読解力」を必
> 須とする考え方を公教育の中で真剣に考える時代が到来しつつあります。

　そこで、教師の「発問・指示」をきちんと示したことはもちろんですが、
「他にもこんな選択肢がありますよ」といった内容にもできるだけ触れるよう
にしています。

## 2　「デジタルなメディア」を読む力

　PISA2018の結果は、ある意味衝撃的でした。日本の子どもたちの学力はそ
れほど悪くありません。ところが、「読解力」が前回の2015年の調査に続いて
今回はさらに落ちていたのです。本当でしょうか。日本の子どもたちの読解力
は世界的にそれほど低いのでしょうか。実は、他のところに原因があったとい
う意見もあります。

> パソコンやタブレット・スマホなどを学習の道具として使っていない。

　これが原因かも知れないというのです。PISAがCBTといってコンピュータ
を使うタイプのテストだったからです。
　実は、日本の子どもたちはゲームやチャットに費やす時間は世界一です。と
ころが、その同じ機械を学習のために有効に使っている時間は、OECD諸国で
最下位です。もちろん、紙のテキストと鉛筆を使った学習も大切なことは言う
までもありません。しかし、写真、動画、Webページなど、全教科のあらゆる
知識をデジタルメディアで読む機会の方が多くなっているのが今の社会です。
　そうした、いわば「デジタル読解力」について、今の学校のカリキュラムは
十分に対応しているとは言えません。
　本書の読者のみなさんの中から、そうした問題意識をもち、一緒に研究を進
めてくださる方がたくさん出てくださることを心から願っています。

※1　文部科学省初等中等教育局児童生徒課『平成30年度児童生徒の問題行動・不登校等生徒指導上の諸課題に関
　　する調査結果について』令和元年10月　https://www.mext.go.jp/content/1410392.pdf
※2　オンラインおうち学校（https://www.alba-edu.org/20200220onlineschool/）
※3　Khan Academy（https://ja.khanacademy.org/）
※4　TOSSランド（https://land.toss-online.com/）

# まえがき

2020 年から、新学習指導要領が完全実施になりました。教科書もリニューアルされました。

新学習指導要領では「主体的・対話的で深い学び」の実現に向けた授業改善が求められています。

図画工作科では「主体的・対話的で深い学び」の実現に向けた授業を、どのように組み立てていけばよいのでしょうか。

「主体的な学び」の場面では、子どもたちは「この作品を作ってみたい」「なぜ、これを学ぶのか」というような思いになることを目指しています。このためには、熱中する学びを保証する、魅力的な教材を教師が提示しなければいけません。描き方や作り方など、最低限必要なことを、教師が子どもたちに明確に教えなければいけません。そうすることで、子どもたちは、見通しを持って、あれこれ考えながら、工夫して学習に取り組みます。「自分で考えて描いてごらん」という子ども任せの授業では、このような状態にはなりません。途方に暮れるだけです。

「対話的な学び」の場面では、学習している内容について、子どもたちは、級友や教師などと対話しながら、やりとりをします。これらを通して、子どもたちは造形的な見方・考え方を広げることになります。自分の作品づくりに生かすようになります。

「深い学び」の場面では、子どもたちは、学習した知識・技術を活用して、作品をより工夫し、表現していくようになります。造形的な見方・考え方が身に付いていくようになります。

新学習指導要領では、この「3つの学び」が互いに関連しながら、しかも、バランスよく実現していくように、授業改善していくことを求めています。

本書では、この「3つの学び」をどのように実現していくのか、すぐに実践できる授業の形で紹介しています。しかも、新教科書に対応しています。

授業改善に取り組むためには、これまでの教育実践を否定するのではなく、これまでの優れた教育実践を引き継ぎながら進めていくことが大事です。

　本書では、全国の優れた教育実践を発掘し共有化してきたTOSSの実践、酒井式描画指導法、佐藤式工作指導法をもとに、新教科書の内容をどのように指導していくのか、ビジュアルに紹介しています。

　図画工作科の授業は、子どもたちにとって、楽しい時間です。魅力的な教材を見たり、新しく学ぶ知識・技術を知ったりすることで、子どもたちは興味をもって取り組みます。描き方や作り方などが分かることで、子どもたちは集中して作品づくりに取り組みます。「できた」という成功体験を何度も何度も味わうことができます。

　子どもたちにとって楽しい図画工作の授業には、一時間一時間に、教師の指導法の工夫が組み込まれているのです。

　本書は、新学習指導要領対応の図画工作科の授業をどのようにするか悩んでいる先生方、新教科書をどのように活用するか悩んでいる先生方、図画工作科の授業を楽しい授業にしたい先生方のために、次のような特徴で編集しました。

① 新教科書の内容に対応する形で、35の題材を収めました。
② 「主体的・対話的で深い学び」を実現する授業になっています。
③ オールカラーで、写真やイラストを豊富に掲載し、分かりやすくしました。
④ さらに、コンクール対応のページも設けました。
⑤ 酒井臣吾先生の「ワンポイント解説」によって、題材や指導法の勘所を学べます。

　若い先生にもベテランの先生にも、本書を手に取って実践していただき、授業改善に役立てていただくことを願っています。

2020 年 4 月　上木信弘

# I　4年生

# も　く　じ

## Ⅱ　5年生

# も く じ

## Ⅳ　コンクール、この題材で入選

# 金魚の絵を描こう

▶▶ 絵の具のいろいろな使い方をためしてみよう

### 1 準備物

絵の具セット、画用紙、キャップ、スポンジ、歯ブラシ、ストロー、はさみ

### 2 授業のねらい

▶絵の具と用具のいろいろな使い方を試しながら、表し方を考える。

▶自分のイメージに合った方法で、金魚が泳いでいる様子を絵に表す。

### 3 単元の流れ（全3時間）

1. 泡を描く（45分）
2. 金魚を描く（45分）
3. 水草を描く（45分）

### 4 授業の進め方

| 第1幕 | 泡を描く | （45分） |
|---|---|---|

まず、金魚が泳いでいる画像（動画）を見せる。

> 泡はどんな様子ですか。

「泡は大小あって、ポコポコ浮いている」「透明で、一瞬で消える」などと子どもたちはつぶやく。

> あなたはどんな泡を描きたいですか。

「すぐ消えてしまいそうな泡を描きたい」「きれいな色の泡を描きたい」「ポコポコした感じの泡を描きたい」……。

---

泡の描き方は、いろいろな方法がありますよ。みんな、集まって。

---

目の前で、泡を表現する4つの技法を教える。子どもたちは、興味深く見る。

### ① マジックのキャップでスタンプ

絵の具と水を1対1の割合で混ぜると良い。

### ② スポンジでスタンプ

 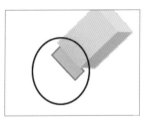 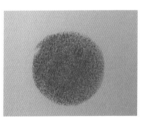

画用紙の中心を丸く切り抜く。水を混ぜないでスポンジに絵の具を付ける。

軽くトントンとスタンプするとふんわりした泡ができる。

### ③ クレヨンで丸を描き、にじませる

  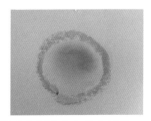

まず、クレヨンで丸を描く（水色か青色か緑色）。筆で水だけを丸の中に塗った後、絵の具をそっと落とす（青色か黄色か緑色）。絵の具はジュースほどの薄さにする。すると、色がじわーっと広がる。乾くと、美しい色になる。

---

④ スパッタリング

  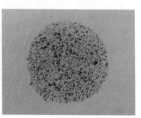

　画用紙を丸く切り抜く。絵の具を歯ブラシに付けて、弾き飛ばす（右写真のようになる）。絵の具と水は1対1の割合で混ぜるとよい。

　「絵の具の色が濃いと、泡のふんわり感が出ない」「強く押し付けると形が潰れてしまう」「水色と黄色の組み合わせがきれい」などと言いながら、子どもたちは方法をいくつか試し、自分のイメージに合ったやり方を探っていく。

　最後に自分が気に入った方法を選んで泡を描く。

**第2幕 金魚を描く** (45分)

　金魚が泳いでいる映像を見せる。

**金魚を見て、気付いたことを言ってごらんなさい。**

　「目が大きい」「ひらひらしている」「ヒレが透き通っている」「1匹1匹違う動きをしている」「口がパクパクしている」……。

　教師の周りに子どもたちを集めて、描き方を教える。

   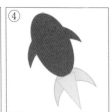

① 赤い絵の具で楕円を描く（絵の具は、ジュースほどの薄さにする）。

② エラを描いて赤く塗る。

③ 細い絵筆に水だけを付けて、しっぽを描く。赤い絵の具をにじませていく。

④ 細い絵筆を使って、真ん中の尾も水でにじませながら描く。

ワークシートで練習する。水で赤色をじんわりとにじませることで、透明感のあるふんわりしたしっぽが描ける。

　色、大きさ、形、向きなどを変えたり、目や口を描いたりして、自分だけの金魚を工夫して描く（右の絵）。

　練習後、第1幕で泡を描いた画用紙に金魚を描く。

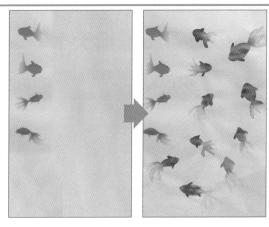

　泡とのバランスを考えながら、子どもたちは、工夫して金魚を描く。

## 第3幕　水草を描く　　　　　　　　　（45分）

> 水草はどんな様子ですか。

「ゆらゆらゆれている」「透き通っている」などと子どもたちは答える。

　子どもたちを前に集めて、描き方を教える。

　子どもたちは何度か練習した後、泡と金魚を描いてきた画用紙に水草を描く。水草を多く描き込まないのがコツである。

　途中で、ミニ鑑賞会を行う。

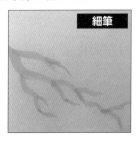
細筆

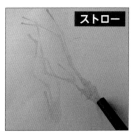
ストロー

> 友達の作品を見て、好きなところ、良いところを発表しましょう。

　ミニ鑑賞会後、作品を描く時間を取る。

　子どもたちは全体のバランスを考えて、金魚や泡、水草を描き足していく。友達の表現を取り入れながら自分がイメージする金魚の世界を追求していく。

（相浦ゆかり）

# 木のある風景にチャレンジしよう

▶▶ 身のまわりにある木を描いて、自分の好きな景色を描こう

## 1　準備物

白画用紙（8つ切り）、クレヨン、絵の具セット、綿棒、鉛筆

## 2　授業のねらい

▶身のまわりにある木を描くことができる。

▶木と木の間に、自分の好きな風景を描く
ことができる。

## 3　単元の流れ（全4時間）

1．木を観察したり写真に撮ったりした後、
木を1本描く（45分）

2．2本目（3本目）の木を描く（45分）

3．木々の間に自分の好きな風景を描く（90分）

## 4　授業の進め方

### 第1幕　観察したり写真に撮ったりした木を1本描く（45分）

2枚の写真を提示する。
子どもたちは一斉に集中
する。「サクラだ」「校庭
かな……」「校長室の前の
木だ」「学校の裏にある木
かな」など思い思いのこ
とを話し出す。

「今日はこのような木を描きます」と話し、校庭のあらかじめ選んでおいた
木の所に集合させ、次のように言う。

> この木を見て、分かったこと、気付いたこと、思ったことを発表します。

　「花びらがいっぱいあります」「幹は太いです」「枝が大きいのと小さいのがあります」「枝は伸びています」……。この場合、花びらよりも木の幹、枝振りに注目させることが大切である。
　出尽くしたところで、木に触る。子どもたちは「かたい」「でこぼこしている」と話しながら触る。
　教室に戻ってきたところで、次のように言う。

> それでは木を1本だけ描きます。青・紫・緑・黄緑から選びます。

　選ばせたら描き方を説明する。描くのに自信がない子には、前もって用意しておいた木の写真を与え、見て描くように言う。

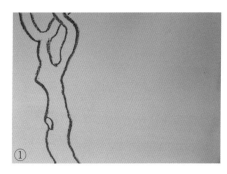 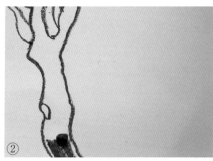

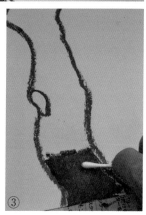

①画用紙の右側に描くか左側に描くかを決め、下から幹を描いていく。
②途中の枝も入れ、クレヨンを折って横にして彩色していく。
③綿棒でクルクルなでる（木の丸み等が出るようにする）。
④幹、枝をすべて彩色する（色を変えていく）。

⑤紫から青に変わる所など色が変わる所は、混ざるようにすると、にじみができてきれいに仕上がる。

④

⑤

　ここでのポイントは、①のように、本物の木や写真の形と違ってもいいから思い切ってぐいぐいと強い1本線で描くことである。下から上へと描いていく。

---

**第2幕　2本目、3本目の木を描く　　　　　　　　　（45分）**

　最初にミニ鑑賞会をする。机の上に自分の作品を置かせ、友達の作品を自由に見させる。一通り見たところで、感想を話させる。

　「A君の木の色が良かったです」「Bさんの枝の描き方がきれいでした」「C君の幹が太くて良かったです」……。

　子どもたちは、この鑑賞会により、2本目の木をどう描いたらいいのかイメージを膨らませる。

---

**2本目を描く時に気をつけることは何だと思いますか？**

---

　枝の重なりを入れることを確認する。

　2本目の木は、1本目の木の種類と同じでも、違っても構わない。

　彩色は、1本目同様、青・紫・緑・こげ茶・茶色などのクレヨンを使う。

　3本目を描きたい子には、描かせてもよい。

| 第3幕 | 自分の描きたい背景を描く | （90分） |

> 今日は、木の向こう側にある物を描きます。どんな物を描きたいですか？

　子どもたちは、「家」「山」「田んぼ」など教室から見えるものを答える。
見本の絵を見せて、尋ねる。

> 木の向こう側にある物を塗る時の色は、どんな色を使うといいでしょう？

　明るい色を使うこと、空は薄く塗ることを確認する。木は濃く、暗く塗って
あるので、明暗・濃淡のコントラストが出てきて、素敵な絵になる。

①鉛筆（４B等の濃い鉛筆）で地平線を描き、家など
　を描く（家並みが水平垂直にならないように）。
②風景を彩色する（暗くならないように）。
③空を彩色する（空色・朱色・黄色等を薄く彩色する）。
　子どもたちは、楽しみながら、遠景を描く。大きな木と遠景を組み合わせ、
素敵な景色の絵を仕上げる。
　　　　　　　　　　　　　　　　　　　　　　　　　　　　　（片倉信儀）

# 「百人一首」の真剣勝負の場面を絵に描こう

▶▶ 日本の伝統文化である「百人一首」。真剣勝負の場面を工夫して描こう

## 1 準備物

　4つ切りか8つ切り白画用紙、A4カラーコピー紙（ピンク色・水色など）、絵の具セット（クレヨン）、黒マジック、はさみ、のり

## 2 授業のねらい

　▶「百人一首」の真剣勝負の様子を思い浮かべて、楽しく表現する。

## 3 単元の流れ（全4時間）

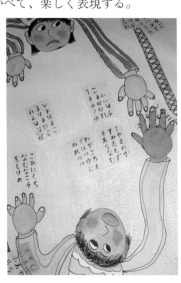

　1. 札を作り、貼る（45分）
　2. 札を取る自分を描く（45分）
　3. 対戦する友達を描く（45分）
　4. 畳を描く（45分）

## 4 授業の進め方

| 第1幕 | 札を作り、貼る | (45分) |
| --- | --- | --- |

> あなたの好きな百人一首の歌は、何ですか。それは、なぜですか。

　自分の好きな歌をそれぞれに発表する。友達は、どんな歌が好きか、興味をもって聞く。

「私は、『ちはやふる……』の歌が好きです。アニメの千早ちゃんが、パシッと札を取るところがかっこいいからです」といったように、一人一人、自分の好きな歌を思い描く。

> 自分の好きな歌を、筆ペンを使って書きます。

　4つ切り白画用紙で仕上げる場合は、A4のコピー紙の1/16の大きさ、8つ切り白画用紙の場合なら、1/32ほどの大きさにする。筆ペンを使って、丁寧に書く。1枚書いたら、2枚目、3枚目と好きな歌を書く。

　書いた札を白画用紙の中心あたりに、斜めに傾けて貼り付ける。

## 第2幕　札を取る自分を描く　　　　　　　　　　(45分)

### ① 札を取る自分の手を描く。

> バシッと札を取る自分の手を描きます。どの札に手を置きますか。

　自分の好きな札の上に、黒マジックで掌を描いてから、5本の指を描く。

　両者が取りそうな場面なら、空中に手があるのも良い。

### ② 黒マジックで「札を取る自分の顔」を描く。

> 真剣勝負をする自分の顔をイメージして描きます。

参考作品を見て、「正面顔」「逆さ顔」「斜め顔」「横顔」から選ぶ。

　白画用紙のどのあたりに自分を描くか、決める。

> 顔の輪郭→鼻→目（札を見ている目）→まつ毛→口（大きく開いている口・
> 閉じている口・笑っている口）→まゆ毛→耳→髪の毛

### ③ 自分の胴体を描く。

　首を描かないほうが、人間の動きが表現しやすい。

### ④ 札を取る手と腕をつなぐ。

　黒板で描き方を見せ、ゆっくりとした線で、
つなぐ。もう一方の手も描き、つなぐ。

### ⑤ 自分の服を描く。

　自分の好きな模様の服を描く。

### ⑥ 自分を彩色する。

　水彩絵の具の黄土色を使って、肌の色を彩色する。

　クレヨンなら、黄土色に朱色や黄色を重ねて、彩色する。

　その後、綿棒でなでると、美しい色になる。

　服は、自分の好きな色で、彩色する。畳を描く場合は、畳の色と同じにならない色で彩色する。

---

> **第３幕**　**対戦する友達を描く**　　　　　　　　　（45分）

---

> 誰と勝負していますか。どんな勝負でしたか。

　誰と勝負しているかを決める。

### ① 札を取り合う友達の手を描く。

　友達の手をどこに描くかで、雰囲気ががらっと変わる。子どもたちは、どこに手を描くか、あれこれ考える。

### ② 友達の顔を描く。

> 友達は、どんなことを言っていますか。

　子どもたちは、4つの顔の型（19頁下）からどれにしようか選んで描く。表情まで考えて描く。

③ **友達の胴体を描く。**

④ **札を取る手と腕をつなぐ。**

⑤ **友達の服を描く。**

⑥ **友達を彩色する。**

　人物を描くのは2人目なので、子どもたちは描き方が分かってくる。1人目より、工夫して表現する。

---

**第4幕** | **畳や畳のへりを描く** | （45分）

　日本の伝統文化なので、畳の上で行う設定で描く。

> 百人一首は日本の伝統文化です。畳の上で行うのが、正式です。
> 畳には、「へり」いう美しい模様があります。

　畳の「へり」の模様を見せる。この「へり」を丁寧に描くと、百人一首の雰囲気がよく出る。

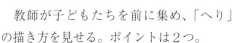

　教師が子どもたちを前に集め、「へり」の描き方を見せる。ポイントは2つ。

　❶ **斜めに傾けること**

　❷ **1つ1つの模様を丁寧に描くこと**

　子どもたちは、やり方が分かると集中して描く。

　最後に、百人一首の真剣勝負の場面を、上手に仕上げる。

（佐藤貴子）

# 作って楽しい、飾って楽しい、簡単ステンドグラス

▶▶ 油性ペンで着色して、美しいステンドグラスを作ろう

### 1 準備物

黒画用紙、ラミネートフィルム、カラー油性ペンセット、赤鉛筆、はさみ、カッター、カッターマット、A4コピー用紙、ホチキス

### 2 授業のねらい

▶鳥や魚のデザインを考え、光を通した色の美しさを楽しみながらステンドグラスを作ることができる。

### 3 単元の流れ（全2時間）

1. デザインを考えカッターで切り取る（45分）
2. ラミネートフィルムに挟んでラミネートする（5分）
   カラー油性ペンで着色する（15分）
   作品の鑑賞をする（25分）

### 4 授業の進め方

| 第1幕 | デザインを考えカッターで切り取る | （45分） |

---

このステンドグラスは何を使って作ったと思いますか。

「黒い紙とセロファンで作ったのかな」「透明な板を使ったのかな」

子どもたちは、黒い画用紙をラミネートして、裏から油性ペンで色づけしたことに驚いていた。作り方を知って「簡単そう」「やってみたい！」と意欲を高めていた。

### デザインしたい生き物を決めましょう。

思い浮かんだ生き物をＡ４コピー用紙に描く。思い浮かばない子どもは、用意した型紙から選ぶ。

型紙と黒画用紙をホチキスでとめ、はさみで切り取る。

大まかに切り取ってから細かいところを切るときれいに切り取れる。

### ＡとＢを比べて気付いたことを発表しましょう。

「ＡもＢも同じ模様だけど、大きさが違う」
「Ｂのほうが明るい感じがする」

　子どもたちは、Bのように模様を大きく切り取ると、光を多く通す明るい作品になることに気付く。

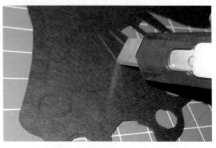

　模様は赤鉛筆で描く。作品の向きがある場合は、裏側になる面に模様を描く。

　描き終わったら、カッターで切り取る。

〈 カッターを使うときのポイント 〉

❶ カッターは手前に引く。

❷ 円を切る時は、カッターを回さず紙を回す。

## 第2幕　ラミネート加工をして着色する　　　　(45分)

作品をA4のラミネートフィルムに挟んでラミネーターにかける。

ラミネート加工をしたら、赤鉛筆の線が見える方に、油性ペンで着色する。

着色する時は、時々作品を手元から離して眺めながら色を決めていく。

「濃い色より薄い色の方が光をよく通すね」

「青系の色が続いたから、ここは赤系にしようかな」

子どもたちは、時折友達と話しながら作業を進めていた。

右の写真は、ラミネートフィルムに水の表現をした作品である。魚や波が描かれている。

「周りに色を塗るなんて考えてもみなかった」「すごい工夫だね」

作品づくりを通して、子どもたちは友達を認めるようになる。

塗り終わったら、作品の5mmほど外側をはさみで切り取る。

## 5 作品鑑賞

完成したら、教室の窓に掲示する。

Ａ４のクリアファイルに作品と名前の札を入れて掲示するとよい。

掲示をした後は、作品鑑賞会を行う。

友達の作品を見て良いところを付箋に書いて貼っていく。

「三角や菱形の模様が細かくてとてもきれい」

「花の模様がいっぱいで庭みたい」

「右と左の柄を変えていてきれいでいいね」

子どもたちは、鑑賞を通して絵の見方や考え方を深める。

（佐々木智穂）

# 学校生活を楽しませる
# マスコットを作ろう

▶▶ 子どもたちが対話しながら、形や色を工夫してマスコットを作る

## 1 準備物

A4コピー用紙、白画用紙（8つ切り）、鉛筆、色鉛筆、カラーペン、はさみ

## 2 授業のねらい

▶ ものに顔や手足を付けて、キャラクターを生み出すことができる。

▶ 形や色、組み合わせを工夫して、マスコットを作ることができる。

## 3 単元の流れ（全2時間）

1. キャラクターを描く（45分）
2. マスコットを作る（45分）

## 4 授業の進め方

| 第1幕 | キャラクターを描く | (45分) |
| --- | --- | --- |

【画像A】 【画像B】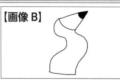 【画像C】

まず、鉛筆の画像Aを見せる。

> この鉛筆を、なんとかして踊らせてみます。えいっ！

と言って、鉛筆の画像Bを見せる。子どもたちは笑う。

> 少し、踊り始めました。もっと元気よく踊らせましょう。えいっ！

と言って、鉛筆の画像Cを見せる。子どもたちは、大笑いする。

## 何が変わりましたか？

「曲がり方が大きくなった」「線が増えた」などと、子どもたちは次々と発表する。次に鉛筆の画像 D・E を見せる。

 【画像 D】  【画像 E】  【画像 F】

一目見ただけで、子どもたちは大喜びする。「手足が増えた！」「顔が面白い！」などと次々に発言する。

## これで鉛筆が、キャラクターになりました。

「物」を「キャラクター（登場人物）」にする面白さに気付く。最後に、鉛筆の画像 F を見せる。

## これは駄目です。なぜでしょう。

「やり過ぎて、鉛筆であることが分からなくなってしまったらいけないこと」が分かる。

## 今日は、「やり過ぎ」に気を付けて、キャラクターを作ってみましょう。

コピー用紙を配付して、次の手順で描かせる。

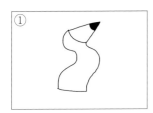① ② ③

【キャラクターの描き方】

① **くねくね踊っているような鉛筆を描く。**

　向きや曲がり具合は自由。

② **顔や手足を描く。**

　手の先、足の先を描き、胴と自由につなぐ。顔も好きなように描く。

③ **効果線を描く。**

　「動き」を表すことができる。

> 鉛筆の他に、キャラクターにできそうなものは何ですか。
> 隣の人と交互に言い合いっこしてごらん。

「消しゴム」「はさみ」「鍵盤ハーモニカ」……。

> 次の時間には、好きなものをキャラクターにして学校生活を楽しませてく
> れたり、助けてくれたりするマスコットを作ります。何をキャラクターに
> したいか考えておきましょう。

　時間が残ったら、キャラクターの練習を続けてもよい。

## 第2幕　マスコットを作る　　　　　　　　　　　　（45分）

> 好きなものを、キャラクターにします。
> そのキャラクターをさらに、マスコットにします。
> マスコットとは「幸せをもたらすキャラクター」です。
> 「○○をする△△」になります。
> 例えばこれは、鉛筆をもとにした「必ずテストを
> 100点にするマスコット『オール百点師匠』」です。
> そんなマスコットがいたら、幸せですね。

　ポイントは4つ。❶見る人を楽しませる工夫をする。❷体を曲げたり、手足
を付けたりする。❸「やりすぎ」に注意する。❹ネーミングを工夫する。

▲演奏が上手になる
「ドレミぷっぷの助」

▲履物がそろう
「シューズピシ男」

▲絵の具が上手になる
「レッドクイーン」

▲よく切れるようになる
「ハサミザウルス」

▲部屋を美しくする
「ほうキング」

▲二重跳びができるようになる
「ロープマンW」

　描けた子から、着色したり、飾りやすくするために切り取ったりする。

　授業開始、20分くらいでグループを作る。グループ内で、制作途中でも作品を見せ合い、鑑賞会を行う。

【グループ鑑賞会の進め方】

① 順番を決める。

② マスコットを見せながら、紹介する。

　　例：「鉛筆をもとにしたマスコット」です。テストで使うと必ず百点にして
　　　　くれます。名前は、「オール百点師匠」です。

③ 紹介を聞いたメンバーは、そのマスコットの「良いところ」を発表する。

④ ②〜③を繰り返す。

　全員の発表が終わったら、また制作を続ける。友達の良いところを取り入れることで、効果線を描いたり、色を塗ったり、さらに工夫を重ねていく。

　完成した作品は、学校内に掲示する。飾ることで、興味をもって見る子が出てくる。作った本人の満足度がアップする。

（原口雄一）

# 感謝の気持ちを伝えよう

▶▶ 子どもたちが対話しながら、もらった人が喜ぶカードを作ろう

## 1 準備物

カッターナイフ、カッター板、色画用紙、色紙、色マジックセット、はさみ、のり

## 2 授業のねらい

▶飛び出す仕組みを作って、工夫してカードを作ることができる。

## 3 単元の流れ（全5時間）

1．飛び出す仕組みを作る（40分）
2．カードの内側（飛び出す側）を飾り付ける（90分）
3．カードの表紙を飾り付ける（90分）

## 4 授業の進め方

| 第1幕 | 飛び出す仕組みを作る | （40分） |

「飛び出すカード」の見本を見せる。

> メッセージカードを作ります。誰にどんなメッセージを送りたいですか。

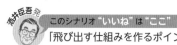
「お母さんに『おいしいごはんありがとう』」「お父さんに『お仕事いつもありがとう』」などが出てくる。

　飛び出す仕掛けは3通りある。それぞれの仕組みを見せる。「これがいい」「どれにしようかな」などと言いながら、子どもたちは見る。

　選んだら、飛び出す仕組みを作る。

Ⓐカードの折り目と飛び出すものの折り目を合わせて、貼り付ける。

Ⓑカードの折り目を真ん中にして、同じ長さだけ切り込みを入れる。

Ⓒカードの折り目を挟んで、飛び出させたいものをのりで貼り付ける。

仕組みと台紙をのりで貼り合わせる時のポイントは3つ。

❶ のりをたっぷりと付けること

❷ 台紙との間に隙間ができないようにすること

❸ 飛び出す仕掛けの部分にはのりを付けないこと

## 第2幕　カードの内側を飾り付ける　　　　　　　（90分）

　カードの内側は飛び出す部分である。

> 飛び出す仕掛けの部分をどのように使いますか。

「メッセージを貼る」「メッセージを直接書き込む」「絵を描いて貼る」など、活用の仕方を考え始める。使い方が決まったら、色画用紙や色紙、色マジックなどを使って、飛び出す部分を作っていく。

飛び出す部分を作り終えたら、周りの飾り付け。

子どもたちは立体空間をデザインすることの楽しさに気付く。

ジャバラ状の紙を使うと、色々な立体表現ができる（①・②・③）。

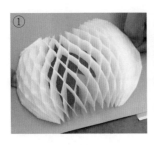  

① ジャバラ状の紙の下に色紙を入れて、隙間から見えるようにしている。

② 先をギザギザに尖らせて使っている。

③ 台紙の上下に貼り付けて、階段のようにしている。


実際に試してみることで面白さに気付く。

色画用紙も、切り方を工夫すれば立体表現となる（④・⑤）。

 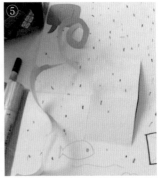

　カード内側の飾り付けは長時間の作業になる。しばらくすると行き詰まる子が出てくる。そんな時は「友達の作品を自由に見て来てもいいよ」と伝える。

　友達の表現を見ることで、アイデアが広がっていく。新しいアイデアをもとにして、さらに追求するようになる。

　また、素敵な表現があれば教師が全体に向けて紹介する。自分だけでは思い付かなかった工夫を知ることで、さらに意欲的に制作するようになる。

## 第3幕　カードの表紙を飾り付ける　　　　(90分)

　最後は、表紙の飾り付け。「ぱっと見て、きれいなカードを作ろう」と言うと子どもたちは、相手を意識しながら作るようになる。

　机を班の形にすることで、相談しながら作ることができる。

　作品を作り終えたら、1人ずつ全員の前で作品のお披露目をする。

　お互いの良いところを伝え合うことで、「カードを渡したい」という気持ちが高まっていく。

(村田正樹)

# 空想の世界を美しく表現！

▶▶ 窓をのぞくと広がる空想の世界を、楽しく作ってみよう！

## 1 準備物

ラミネートフィルムB5、白画用紙（ラミネートフィルムに入る大きさ）、
黒画用紙（8つ切りの半分）、黒太マジック、太マジック（緑色・紫色・青色など）、
絵の具セット、刷毛（または太めの筆）、カッター、カッター板、
トレーシングペーパーB5、両面テープ

## 2 授業のねらい

▶窓を開けてのぞく空想の世界を楽しく表現する。

▶背景と絵を調和させ、どこを切り取るかを工夫する。

## 3 単元の流れ（全4時間）

1. 何を作るかを考え、背景を描く。ラミネートする（45分）
2. 窓から見た風景を描く（45分）
3. 絵のどこを切り取るかを考え、窓枠を重ねる（45分）
4. 鑑賞会（45分）

## 4 授業の進め方

### 第1幕 何を作るかを考え、背景を描く。ラミネートする（45分）

① 何を作るかを考える。

> 不思議な窓です。
> 窓をのぞくと、あれれれ……不思議な世界。
> あなたは、どんな世界が見たいですか。

「窓をのぞいたら、お城があって、みんな楽

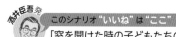

しそうです」「窓をのぞいたら、宇宙が広がってびっくり！」「窓をのぞいたら、森の中。動物がいっぱい！」などイメージしたことを発表する。

　子どもたちにイメージをもたせるため、見本を見せる。

## ② 刷毛で背景の色を塗る。

　たらしこみの技法で背景を作る。

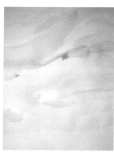

　最初は、刷毛で水を塗る。

　次に、乾かないうちに、絵の具をのせる。色は2色まで。1色でもよい。薄くてきれいな色（赤色・青色・黄色・緑色・水色など。補色である赤色と緑色、紫色と黄色、橙色と青色は、混ざると色が濁る。よって、混ぜないようにする）。

## ③ 完全に乾いたら、ラミネートにする（教師が行う）。

## 第2幕　窓から見た風景を描く　　　　　　　（45分）

窓をのぞいたら、見えたものを描きましょう。あなただけの世界です。

　木や人の描き方を教えると、子どもたちはやり方が分かるので、作品づくりを追求する。

① **木を描く**……曲げること。突き出るようにするのがコツ。

　黒色・青色・紫色などのマジックで、ラミネートフィルムの上に描く。

② **人を描く**……「棒人間」のように簡単でよい。シルエットで描く。

頭（豆のように）→胴体（枝豆のように）→手（掌の〇を描いて、5本指）
→腕（胴体の肩からつなぐ）→くつ（米粒のように）→足（胴体・お尻からつなぐ）
→洋服（スカートやズボン）→帽子・小物など

足や手は垂直水平にならないように描く。

③ **後ろに見えるものをシルエットで描く。**

家やブランコ、動物など、子どもたちは、描きたいものを丁寧に描く。

| 第3幕 | 絵のどこを切り取るかを考え、窓枠を重ねる（45分） |

① **トレーシングペーパーを絵の上に重ねる。**

② **絵の切り取る場面を決め、鉛筆で窓枠を描く。**

> どこに窓を作ると、おもしろいですか。
> どんな形の窓にしたいですか。

トレーシングペーパーと絵を重ね、子どもたちは、窓の場所や形を工夫する。

③ **黒画用紙の上に、トレーシングペーパーを置き、トレーシングペーパーごとカッターで切り取る。**

④ **窓枠が切り取れたら、絵を重ねて両面テープで止める。**

⑤ **窓の折り目を付ける（扉のように開け閉めができるようになる）。**

空想の世界を美しく表現！ ■

| 第4幕 | ショー＆テル | （45分） |

自分の作った作品を発表します。窓をのぞくと、何が見えるかな。

　「私は窓をのぞくと、みんなが遊んでいる」「ぼくは、SLが走ってくる」と作品を見ながら、交流する。それぞれの空想の世界を、子どもたちは、楽しんで見る。

（佐藤貴子）

# ゴムで飛び出す夢の車を作ろう

▶▶ ゴムの力で走る仕組みや車を作ることを楽しもう

## 1 準備物

### 〈材料〉

白ボール紙（16cm × 20cm が1枚、30cm × 27cm が1枚）、わりばし3膳以上、輪ゴム1本、洗濯ばさみ2個（丸い穴があるもの）、飾り用のマジックや色紙、タイヤセット（竹ひごが必要な物・鉄の芯棒が付いている物）、型紙を印刷した色画用紙

### 〈用具〉

ボールペン、セロハンテープ、布ガムテープ、ものさし(30cm)、のり、はさみ、金づち

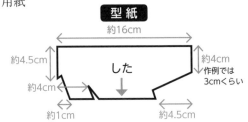

型紙

約16cm
約4.5cm
した
約4cm 作例では3cmくらい
約4cm
約1cm
約4.5cm

## 2 授業のねらい

▶ゴムの力で動く車を作ることができる。

▶動きから発想して、飾りを作ることができる。

## 3 単元の流れ（全4時間）

1.仕組みを作る（90分）

2.飾りを作る（75分）

作り方がアニメーションでわかるウェブサイト

## 4 授業の進め方

手本作品を見せる。発射台の輪ゴムを車の溝にひっかけて引き、手を離すと走りだす。子どもたちから歓声が上がる。

この工作は、確実に動く仕組み（車）の上に、創意を生かした飾りを付ける。仕組みを作る時は教える授業、飾りを作る時は友達との交流や対話をする授業になる。

## 第1幕　仕組みを作る　　　　　　　　　　　　　（90分）

① 16cm × 20cm の色画用紙を横向きに置く。端から4cm の所に、ボールペンで4か所、印を付ける。

② 30cm ものさしをあて、印から線を引く。折り目になるので強めに引く。

③ 裏返して、端から10cm（中心）に同じように強めに線を引く。

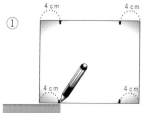
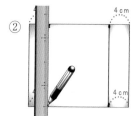
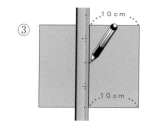

④ 図のように線でしっかり折る。

⑤ 型紙を切り取り、下にそろえて重ねる。

⑥ 型の下の白い部分を切り取るので、ボールペンで型をなぞる。

⑦ 線の部分を切り取る。固い紙なので、はさみの根元を使って切り取る。

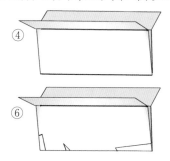
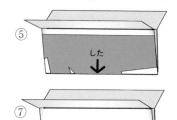

⑧ 車輪に軸を入れ、洗濯ばさみを図のように入れて車輪を付ける。

　鉄芯の場合は金づちなどでたたいて入れるので、ケガに注意する。2つ作る。

⑨ 図の場所に挟んで取り付ける。車は完成。次は発射台の制作にとりかかる。

⑩ わりばしを3膳用意し、割らないで図のように挟みあわせる。

⑪ 3か所にセロハンテープをぐるぐる巻きにして、丈夫にする。

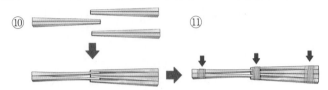

⑫ 30cm × 27cm の白ボール紙を縦置きにし、端から12cm、3cm の所に印を
つけて、ボールペンで強めに線を引く。

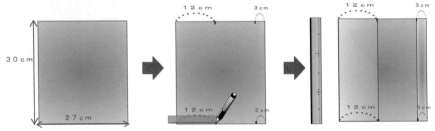

⑬ 線の所でしっかり折る。ゆがみやすいのでものさしを当てて折るとよい。

⑭ 開いて、上から1.5cmほど下げてわりばしを置き、動かないようにセロハ
ンテープで仮止めしたら、布テープでしっかり固定する。布テープを2つほど
丸めて付け、ふたを閉じる。周りをセロハンテープでくるむように固定する。

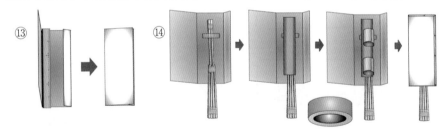

⑮ 上の4cmの所に、V字型の切れ込みを入れ、輪ゴムを挟み、セロハンテープ
を1枚上から貼る。さらにもう1枚、テープを半分貼って向こう側に折り返す。
横から見て輪ゴムが立っていれば完成。この輪ゴムを車の溝にひっかける。

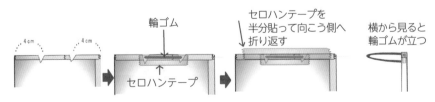

## 第2幕　飾りを作る　　　　　　　　　　　　　　　　　（75分）

①飾りの付け方は3パターンある。

　全員を目の前に集めて、対話しながら飾り付けの仕方を教える。

▼左右から飾りで挟む　　　　▼上から飾りをのせる　　　　▼左右と上から飾りをのせる

> 飾りは、想像した動物にしようと思います。まず目を作ります。
> でも何も思い浮かびません。とりあえず作って置きます。じっと見ます。
> 何を付け加えればいいと思いますか？

「まつ毛！」「口！」

> またじっと見ます。
> 何を付け加えればいいと思いますか？

　「足！」「体に模様があったらいい！」「歯！」

　このように「じっと見る→置いてみる」の繰り返し
で発想を広げるやり方を対話を通して伝える。

〈 交流する時間を設ける 〉

　作業途中でも必ず手を止めて、お互いに作品を見せ合う時間をつくる。

　工夫や発想が波及していく。

〈 ミニ鑑賞会を開く 〉

　作品を展示したり、走らせたりして、その良さや工夫を交流する。

（原実践は北海道教育大学の佐藤昌彦氏）　　　　　　　　　　　　　　　（大沼靖治）

# ルノワールの絵とセザンヌの絵を比べる

▶▶ 登場人物のポーズに注目して、作品の良さを味わおう

1 準備物

・拡大印刷した絵（以下の5作品）

　　ルノワール「ピアノを弾く2人の少女」「ガブリエルとジャン」
　　　　　　　　「舟遊びをする人々の昼食」「田舎のダンス」

　　セザンヌ　「ピアノに向かう娘」

2 授業のねらい

　▶ポーズに注目して、登場人物の気持ちや場面の様子を想像することができる。

3 授業の流れ（45分）

　1.「ピアノを弾く2人の少女」（教科書掲載）を見て分かったこと、
　　気付いたこと、思ったことを発表する。

　2.2人の少女の関係を考える。

　3.セザンヌの「ピアノに向かう娘」との違いを考える。

　4.ルノワールの他の作品を見て、登場人物の気持ちや場面の様子を想像する。

## 4 授業の進め方

**「ピアノを弾く２人の少女」を見て、分かったこと、気付いたこと、思ったことを発表する**

絵を黒板に貼る。子どもたちは興味津々で見る。

> この絵を見て、分かったこと、気付いたこと、思ったことを発表しなさい。

「２人の女の子がいる」「１人が座っていて、もう１人が立っている」「楽譜を見ながらピアノを弾いている」……。

> 「〜から……だと思います」というふうに言いなさい。

「２人ともきれいな服を着ているからお金持ちだと思います」
「色違いのリボンをしているから、２人は仲良しだと思います」
などと子どもたちは解釈しながら考える。

> ２人組になって、ポーズを真似してみましょう。

「肘はもっと曲がっているよ」「２人の距離はもっと近いみたいだよ」「片手は楽譜を持っているよ」などとペアで話し合いながら、真似をする。

細かいところまで正確に真似をしようとすることで、子どもたちは、登場人物のポーズをじっくりと見る。

### ２人の少女の関係を考える

> ２人の関係は何だと思いますか。

「２人の距離が近いので、仲良しの姉妹だと思います」
「白い服の女の子は片手でピアノを弾いているから、まだ初心者だと思いま

す。だから赤い服の女の子が教えているのだと思います」……。

## セザンヌの「ピアノに向かう娘」との違いを考える

　セザンヌの「ピアノに向かう娘」を黒板に貼る。
　ルノワールの「ピアノを弾く２人の少女」と
同じように、２人の女性とピアノが描かれてい
る絵である。

> ２人組になって、
> ポーズを真似してみましょう。

　「２人はかなり離れて座っているよ」「２人とも下を向いているよ」「１人は
編み物をしていて、もう１人がピアノを弾いているよ」などと、子どもたちは
話し合いながら真似をする。

> ２人の関係は何だと思いますか。

　「離れて座っているから、あまり仲良くないんじゃないかな」「２人ともうつ
むいているから、ひょっとしたらケンカした後なんじゃないかな」などと話し
合いながら場面の様子を想像する。

> ルノワールの絵とセザンヌの絵、感じ方にはどのような違いがありますか。

　「ルノワールの方が楽しそうです」「セ
ザンヌの方は寂しそうに見えます」……。
　２つの絵を並べることで、違いがはっ
きりと分かる。

黒板に「人間の□□を描く画家」と書く。

> ルノワールはどんな画家だと思いますか。□に言葉を入れてごらんなさい。

子どもたちは「喜び」「幸せ」「友情」などと答える。

## ルノワールの他の作品を見て、登場人物の気持ちや場面の様子を想像する

ルノワールの作品を3つ並べて黒板に貼る。

　Aは「ガブリエルとジャン」、Bは「田舎のダンス」、Cは「舟遊びをする人々の昼食」である。

> 好きな作品を選んで、登場人物の気持ちや場面の様子を想像しましょう。

子どもたちは次のように考えた。
　「Aは幸せな親子を描いていると思います。お母さんが赤ちゃんをやさしく抱きかかえていて、2人とも満足そうにしているからです」
　「Bは恋人同士だと思います。2人の距離が近くて幸せそうだからです」
　「Cに描かれている人たちは皆楽しそうです。人と人との距離がとても近くて、ダンスをしたり、お話をしたりしているからです」
　ポーズに注目することで、絵のテーマに迫ることができる。　　　　（森本和馬）

# I ｜ 4年 10 彫刻刀は まほうの筆

# 木版画　楽器を演奏するぼく・私

**▶▶ 彫刻刀を使って、楽しみながら版画作品を作ろう**

## 1 準備物

白上質紙、鉛筆、赤鉛筆、カーボン紙、版木、墨汁、太い黒ペン、彫刻刀、インク、ばれん、ローラー、版画用紙

## 2 授業のねらい

▶感じたことを木版画に表すために、彫刻刀の扱いに慣れる。

▶木版画の特徴を理解し、表現を工夫して版画に表す。

## 3 単元の流れ（全7時間）

1. 参考作品を見て木版画の表現を知る（10分）
   楽器を演奏する様子を下絵に描く（80分）
2. 下絵を版木に写す（45分）
3. 版木に墨入れをする（45分）
4. 彫刻刀を使って版木を彫る（90分）
5. 版画用紙に刷る（45分）

## 4 授業の流れ

| 第1幕 | 木版画の表現について知り、下絵を描く　（90分） |
|---|---|

> この作品は、何種類の彫刻刀を使って作ったでしょう。

「背景と人物は感じが違うから2種類かな」

「顔の線と服の線と背景の、3種類」

丸刀、三角刀、平刀、切り出しの4種類の彫刻刀を使って作ったことを知らせる。子どもたちは、顔は丸刀、服は三角刀、目や鍵盤の縁は切り出し、背景

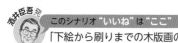
は平刀を使って表現されていることに気付く。また、彫ったところが白くなる版画の仕組みを知り、版画への関心が高まる。

> どんな楽器を演奏しているところを版画にしたいですか。

「鍵盤ハーモニカ」「リコーダー」「木琴」「小太鼓」……。
楽器を持って色々な角度で写真を撮り、構図の参考にする。

> 写真と比べて下絵で工夫しているところはどこですか。

「写真より下絵の手が大きく描
かれている」
「バチの角度が変わっている」
子どもたちは、伝えたい部分を

誇張することや、写真とは違う構図に変えてよいことを知ることで、表現の幅が広がる。

## 第2幕　下絵を版木に転写する　　　　　　（45分）

下絵が完成したら、
鏡面コピーをする
（刷った時、弾く手や
ロゴが反対にならな
いため）。
コピーした下絵は、
カーボン紙を挟んで

下絵

鏡面

版木に写す。その時、赤鉛筆でなぞると分かりやすい。また、版木は彫り跡を目立たせるため、あらかじめ薄めた墨汁を塗っておく。

## 第3幕　版木に墨入れをする　　　　　　　（45分）

> 黒く残したいところをどこにするか考えましょう。

「私は髪の毛を黒くしよう」

「服と鍵盤の黒鍵を黒くしよう」

「手を白くしたいから楽器は黒い方がいいかな」

子どもたちは、どこに黒を配置したら、自分の表現したいことがより伝わるかを工夫する。

墨入れをした後、黒く残したい線を太い黒ペンでなぞる。

黒く塗る

## 第4幕　彫刻刀で版木を彫る　　　　　　（90分）

> 彫刻刀で彫る練習をしましょう。

下絵を描いた版木の裏側で、試し彫りをする。

「丸刀はやわらかい感じがする」「三角刀は細くて鋭いね」……。

子どもたちは彫刻刀の特徴を知り、どの彫刻刀で彫るのが自分の版画の表現に合うかを考える。彫刻刀を使う時は次の3点に気を付ける。

❶ 彫り進む方向に手を置かない。

❷ 板を回しながら彫る。

❸ 一彫り2cm以内を目安にする。

> 作品の、黒い線と白い線を比べて気付いたことを発表しましょう。

「黒い線は太くて、白い線は細い」

「白い線は強弱があるよ」

子どもたちは、彫った線（白くなる線）は細くても目立ち、残す線（黒くなる線）は、太くしないと目立ないことに気付く。

> 黒い線が切れてしまわないようにするには、どう彫ったらよいでしょう。

「黒い線に向かって彫ると切れそう」

「線のところから彫り始めるとよい」

「線の周りをガードするように彫っ
たらいいんじゃないかな」

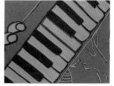

子どもたちは、彫る方向や彫り方を工夫することで質感や出来映えが変わる
ことに気付く。

## 第5幕　版画用紙に刷る　(45分)

彫り上がったら、木くず
をブラシで丁寧にとる。

刷る時は、刷りの流れを
システム化する。右記はそ
の一例である。

また、バレンでこすった
時、半分だけめくってイン
クのつき具合を確認する。

> ① 版木にインクをつける（教師）
> ② 版木を運ぶ（制作者）
> ③ 版画用紙を用意する（手伝い）
> ④ 版画用紙を版木にのせる（制作者・手伝い）
> ⑤ バレンでこする（制作者）
> ⑥ 版画用紙をはがして所定の場所へ置く（手伝い）
> ⑦ 版木を所定の場所に置く（制作者）

「きれいに出ていないところがあるね。もう一度こすろう」

「きれいに出たからめくろう」

子どもたちは、どのようにこすればきれいにインクが写るかを話しながら、
刷りを進めていた。

### 刷り上がった作品を見て気付いたことを発表しましょう。

「背景の平刀のぼかしがいいね」

「指のしわまできれいに出ているね」

「黒い線がくっきり見えているね」

子どもたちは、作品の良いところを見
つけ発表する。作品の良さを見つけるこ
とによって、絵の見方や感じ方が深まる。

（佐々木智穂）

## 5年 1 季節のスケッチ

# ふきのとうと俳句を組み合わせて春を描こう

▶▶ 春の植物をスケッチし、俳句と組み合わせて表現しよう

### 1 準備物

白画用紙（8つ切りを正方形に切ったもの）、絵の具セット、サインペン、ふきのとう

### 2 授業のねらい

▶身近な春の植物を観察し、それに思いを寄せて絵や言葉で表現する。

### 3 単元の流れ（全2時間）

1. ふきのとうを描く（45分）
2. ふきのとうを着色する（30分）
3. 俳句を書く（15分）

### 4 授業の進め方

| 第1幕 | ふきのとうをサインペンで描く | （45分） |

春といえばどんな植物を思い浮かべますか。

「たんぽぽ」「桜」「ふきのとう」「チューリップ」……。
見本の絵を見せ、「ふきのとう」を題材に絵を描くことを伝える。

AからEの中で、ふきのとうを描かないほうがよい位置はどこでしょう。

「Cは真ん中だからやめたほうがよい」
「Cは俳句を書けなくなる」
A、B、D、Eのどこにふきのとうを描くか決める。

「私はDの場所に2つ描きたいな」
「ぼくはEに大きく1つ描こう」

ふきのとうは、どこから描いたら描きやすいでしょう。

「葉」「花」「つぼみ」
小さな花の1つから隣に隣に広げていくことを伝える。

AとBではどちらの描き方が良いと思いますか。

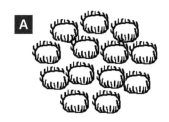　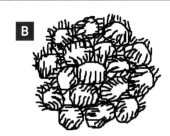

「Bがいい。びっしり花を描いている」
「Aは花の向きが全部同じだから、Bがいい」
　花は次の手順で、黒油性ペンで描く。花同士をくっつけるようにして描いていく。描き方が分かるので、子どもたちは集中して描く。

葉を描く時は、葉のどの部分に気をつけて描くとよいでしょう。

「葉脈」「付きかた」「葉先」
　葉は1段目から描き、葉先がとがっているか折れているかをよく見て描くよう伝える。このように伝えることで、ふきのとうの見方が深まっていく。

葉は次の手順で描く。

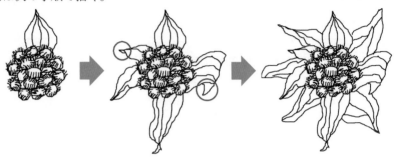

俳句を書く場所を考えながら、2つ目のふきのとうの配置を決めましょう。

「私は1つ目が小さくなったから、2つ目は大きく描こう」

「1つ目が大きくなったから、2つ目は描かなくてもいいかな」

「ぼくは2つ描きたいから、2つ目は小さめに描こうかな」

このように、子どもたちは配置を考え、表現を追求していく。

2つ目を描くときのポイントは、次の3点である。

❶ 大きさを変える

❷ 部分的に重ねてもよい

❸ つぼみの花でもよい

つぼみは、花が閉じているように描くようアドバイスする。ポイントを伝えることで、子どもたちの花の描き方が多様になる。

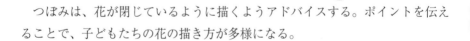

| 第2幕 ふきのとうを着色する | （30分） |

ふきのとうの塗り方で気付いたことはありますか。

「ちょっと違う色が入っている」「色が変化している」ことに子どもたちは気付く。ふきのとうは、次のように絵の具を用意して彩色する。

咲いている花→黄色＋白色
つぼみ・葉　→黄緑色、黄色＋黄緑色、黄色＋白色
スパイスの色→茶色

Aはスパイスの色が入っていない。Bには入っている。スパイスの色が入ると、ふきのとうの色合いに深みが出ることに子どもたちは気付く。

## 第3幕　俳句を書く　　　　　　　　　　（15分）

絵を見て、俳句を作りましょう。

「ふきのとう」を入れた俳句を考えてペンで書く。思いつかない時には、正岡子規などの俳人のふきのとうの俳句を書く。

絵を丁寧に描いたので、俳句も子どもたちは丁寧に書く。

最後に、鑑賞会を開いて、感想を交流する。

「ふきのとうの色の変化が素敵だね」「スパイスの色がきいているね」……。

鑑賞会を行うことで、子どもたちの絵の見方がより深まる。

（佐々木智穂）

# 並べ方と色を工夫してスタンピング

▶▶ 並べ方と色を工夫しながら、版で作品を作る楽しさを味わう

## 1 準備物

黒画用紙（8つ切り）、新品の消しゴム（直方体）、

白色のポスターカラー（白色が足りないと、黒画用紙上に鮮やかな色が出ない。

足りない時のために貸し出し用として準備しておく）

## 2 授業のねらい

▶形の並べ方と色を工夫し、何を表すか考えながら、楽しみながらスタンプ
をすることができる。

## 3 授業の進め方（90分）

> これらの絵は、筆で塗ったのではありません。
> 何を使って、塗ったと思いますか？

　消しゴム1つだけで描いた絵であることに驚く。

　消しゴムに色を付け、スタンプのように押して描いた絵が「スタンピング」
であることを伝え、挑戦意欲を高める。

> これらの絵を見て、色の塗り方で気が付いたことはありませんか？

　子どもたちは「色が変化していること」に気付く。

　ただ色を付けてスタンプしていても楽しくない。色を限定し、変化をつけながらスタンプしていくことで、楽しくなっていく。工夫が生まれる。

　2段階のステップで、学びを深める。

〈 色に変化をつけてスタンプする…第1段階 〉

　多様な作品を生み出すために、次の3種類から選ばせる。

① 青色を中心にする場合→青色、白色を多めに、赤色、黄色を少なめに。

② 赤色を中心にする場合→赤色、白色を多めに、青色、黄色を少なめに。

③ 黄色を中心にする場合→黄色、白色を多めに、赤色、青色を少なめに。

## 【青色を中心にする場合の色作りのポイント】

① 白色をドロドロの濃さで
　引っ張り、そこに青色を
　少し混ぜる。できた色を
　消しゴムに付け、間をあ
　けずにスタンプする。

② ①でできた色を別の部屋
　に引っ張り、さらに青色
　を混ぜた色を作る。間を
　あけずにスタンプする。

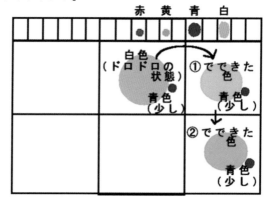

③ ②でできた色を別の部屋に引っ張り、さらに青色を混ぜた色を作る。間を
　あけずにスタンプする。これで、色が違う青色が3色できる。

　子どもたちを集めて、教師が目の前でやってみせる。色を混ぜた時、「どんな色になった？」「さらに青色を混ぜると、どんな色になった？」などと対話しながら、色の変化に気付かせる。

　①～③までをスタンプすると、次頁の写真のようになる。

【スタンプする時のポイント】

① 手の陰になると、スタンプがやりにくい。少し斜めから見るようにすると、スタンプしやすい。

② まっすぐにスタンプするのではなく、写真のように、曲げてスタンプする。画面に動きが出る。

③ スタンプする時は、間をあけずにするが、少しくらいあいた間はそのままにしておく。

やり方が分かると、子どもたちの「してみたい」という挑戦意欲が増していく。上の写真ぐらいに多くの子がスタンプをしたら、再び集める。

〈 色合いに変化をつけてスタンプする…第2段階 〉

【青色を中心にする場合の色作りのポイント】

④ ①で作った色を、パレットの別の部屋に引っ張る。黄色を少し入れて混ぜる。少し緑色っぽくなる。スタンプする。

⑤ さらに、①で作った色を、パレットの別の部屋に

| | 赤 | 黄 | 青 | 白 |
|---|---|---|---|---|
| | | | | |
| | | 白色（ドロドロの状態）青色（少し） | ①でできた色 青色（少し） | |
| | ①でできた色 赤色（少し） | ①でできた色 黄色（少し） | ②でできた色 青色（少し） | |

引っ張る。赤色を少し入れて混ぜる。少し紫色っぽくなる。スタンプする。

色を混ぜた時「どんな色になった？」「赤色を混ぜると、どんな色になった？」などと対話しながら進めると、色合いの変化に気付く。

次頁の上写真のようなところまで、教師がやってみせる。

色の変化、色合いの変化と2段階のステップを踏むことで、子どもたちの表現の幅が広がる。色合いの変化も考えながら、子どもたちは工夫してスタンプしていく。

# 並べ方と色を工夫してスタンピング ■

〈 ミニ鑑賞会で、さらに深める 〉

　授業開始40分ぐらいで、鑑賞会。

　グループ内で途中作品を見せ合い「良いところ」を発表し合う。他の子の作品を見たことで、違う並べ方や別の色の変化などが分かり、自分の作品づくりにとり入れるようになる。並べ方を変えたり、別の色合いに変えたり、さらに自分で追求していくようになる。

　スタンプをしていくうちに、子どもたちはどんな作品にするかイメージが湧いてくる。

> 何を作ろうとしていますか。

　「橋」「花」「木」「鳥」などと発表する。表したいものが決まると、子どもたちは、並べ方や色の変化をさらに追求して、スタンプしていく。

　次のような作品ができる（全て児童作品）。

（上木信弘）

# 楽しいアニメーションを作ろう

▶▶ 発想を広げて動きを考え、キャラクターを自由に動かす

## 1 準備物

Ａ４のコピー用紙を４等分した紙（１人８枚以上）、カラーペンや色鉛筆など、水性の黒ペン（ペンによっては裏写りする。その場合は濃い鉛筆を使う）

## 2 授業のねらい

▶ アニメーションによる動きで変化の特徴が分かり、工夫して表現することができる。

▶ ４コマのイラストを使って、おもしろい動きや変化を作ることができる。

## 3 単元の流れ（全２時間）

1. 教師と一緒にアニメーションの絵を作ってみる（15分）
2. オリジナルの宇宙人のアニメーションを作る（30分）
3. 交流したのち、オリジナルのアニメーションを作る（45分）

## 4 授業の流れ

見本作品の動画を見せる（ＱＲコード）。

https://ohnuma01.wixsite.com/website

これから、ダンスをする宇宙人のアニメーションを作ります。
まずは簡単な「カニ星人」で練習しましょう。

① 真ん中より下に体を描きます。
② 必ず目は描きます。右を見ています。
③ 口を描きます。
④ 手足は長く描くと動きが出ます。

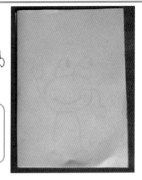

次の動きを描きます。1枚紙を重ねます。
うすく透けて見えますね。

動かしたくない物はそのまま写し、動かしたい物は別の場所に描くのです。

⑤ 体と足は動かさないので、そのまま写します。
　　目と手は動かしたいので別の場所に描きます。
⑥ 3枚目を重ねます。しゃがませてみましょう。
⑦ 4枚目はジャンプします。この時に効果線や音を描いてもいいですね。

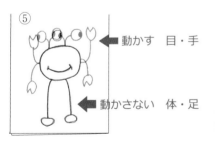
動かす　目・手
動かさない　体・足

⑧ こうすると見本動画のような作品を作ることができます。

〈 自分で考えた宇宙人を交流しながら描く 〉

　このまま「好きにアニメーションを描きなさい」と言うと、戸惑う子が出て
くる。次もテーマをそろえる。宇宙人にする。

今度は自分で考えた宇宙人を描きます。
かわいくてもかっこよくてもいいです。

〈 宇宙人を描くステップ 〉

① 宇宙人の目を描きなさい。1つでも3つでも自由です。

② 顔や頭を描きなさい。

③ 体を描きなさい。模様も描くのですよ。

④ 手や足を描きなさい。

⑤ 2枚目、3枚目と描いていきなさい。

　クラスの状況に応じて、途中で、作品を見合う時間をとる。子どもたちは、お互いの工夫を見ることで、さらにアイデアが浮かぶ。作品の質が上がっていく。

　4枚目ができた子は着色する。着色すると、さらに動きがはっきりする。

〈 スキャナーでスキャンして動画にする 〉

　4枚できあがった子からスキャナーでパソコンに取り込む。

　4枚の画像データをパソコンに取り込んで児童名の付いたフォルダの中に入れる。そのままクリックして手動でのスライドショーにすることもできるが、今回はパワーポイントを使う方法を紹介する。

■パワーポイントで自動再生するアニメーションの作り方

① パワーポイントを起動し、4枚の白い画面を用意する。

②「挿入」タグから「図」をクリックして4枚の絵をそれぞれ貼り付ける。

③「画面の切り替え」タグから「自動的に切り替え」にチェックを入れ、絵が切り替わる時間を1秒にする。

④「スライドショーの設定」の「ESCキーが押されるまで繰り返す」にチェックを入れてF5キーを押せば自動再生される。

〈 鑑賞する 〉

　パソコンはテレビにつないでおく。作品が出来上がったら、子どもたちの手を止めさせてその場で鑑賞する。「すごい！」「おもしろい！」という声が上がる。作った子のやる気がアップする上、見ている子どもたちにも工夫が波及していく。参考にしたい子どもたちが集まって交流することもできる。

〈 自由に作品を作る 〉

　好きなテーマで作る。4コマ漫画のようにストーリーがある作品が次々生まれる。最後に作品鑑賞会をする。教室で、笑いが何度も起こる。

（大沼靖治）

# プールでの自由な動きを表現しよう

▶▶ 人物のいろいろな動きを楽しく表現しよう

### 1 準備物

4つ切り〜8つ切り白画用紙、水彩絵の具、クレヨン、綿棒

### 2 授業のねらい

▶たらし込みを生かして、水を表現することができる。

▶人物の基本的な描き方を知ることにより、いろいろな動きを表現することができる。

### 3 単元の流れ（全3時間）

1.たらし込みという技法を使って、プールの中の水を描く（45分）

2.プールの中で自由に動いたり遊んだりしている自分や友達を描く

（45分×2）

### 4 授業の流れ

| 第1幕 | プールの水を描く | （45分） |
| --- | --- | --- |

見本作品を見せて、感想を発表させる。

> この作品を見て、思ったことや感じたことを発表しましょう。

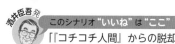

　プールの中のいろいろな人の動きに子どもたちは気付く。人の動きを楽しく描くことをねらいとして進めていくことを知らせる。

　最初に、プールの中の水を表現する。

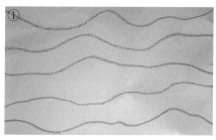

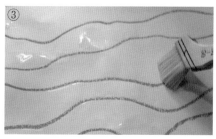
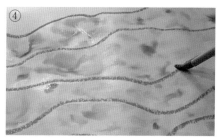

① 白画用紙に、水色のクレヨンで、波の線を描く。（5本程度、幅を変える）

② 青・黄・赤の絵の具を多めの水で溶き、サラサラの状態にしておく。

③ 刷毛または一番大きい筆で、画用紙の波の部分に透明な水を塗る。

④ 青・黄・赤の絵の具を、水を塗った部分に、チョン、チョン、チョンと置いていく（青を多めに）。絶対にこすってはいけない。


　終わったら、静かに画用紙を移動させて乾燥させる。後日、きれいになっているので、子どもたちは驚く。

　残った時間で、人物の描き方を練習する。次のように進める。

| ①顔を描く。 | ②体を描く。首は描かない。 | ③手を体から離して描く。 | ④手と体をつなぐ。直線につながない。 |
|---|---|---|---|
|  | |  | 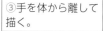 |

| ⑤足を体から離して描く。 | ⑥足と体をつなぐ。直線につながない。 | ⑦水着を描く。 | ⑧女子にもできる。 |
|---|---|---|---|
|  |  |  |  |

　手や足を体から離れたところに描くと、体の動きが大きくなる。このことを知ると、子どもたちは、より大きな動きを表現できるようになる。

## 第2幕　自分や友達を描く　　　　　　(45分×2)

> 水の中がきれいに描けましたね。水の中で、何をしていますか。

　「Aさんを追いかけています」「水のかけあいをしています」「またくぐりをしています」などの声が上がった。
　まず、自分自身を描く。下書きには油性ペンを使う。子どもたちは、前時に練習したとおりに描く。
　下書きを終えたら、クレヨンでの彩色に入る。
　クレヨンで色を付けたら、①のように綿棒で伸ばして、きれいに整える。また、肌の色は②のように、水中の部分には黄土色を使い、水面から上の部分には薄だいだい色を使う。子どもたちはこのような色分けに喜んで取り組む。

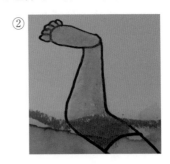

　自分を描き終えたら、続けて友達を描く。

友達は、何をしていますか。

「B君が追いかけてくる」と決めて描くことで、子どもたちは、その子らしさを表現していく。1人分の下書きを終えたら彩色するように進めていく。

途中で絵を見合う時間をとる。友達の工夫したところを取り入れるなど、工夫して表現していくようになる。

さらに、あぶくや水しぶきの描き方も教えると、子どもたちは工夫して表現する。

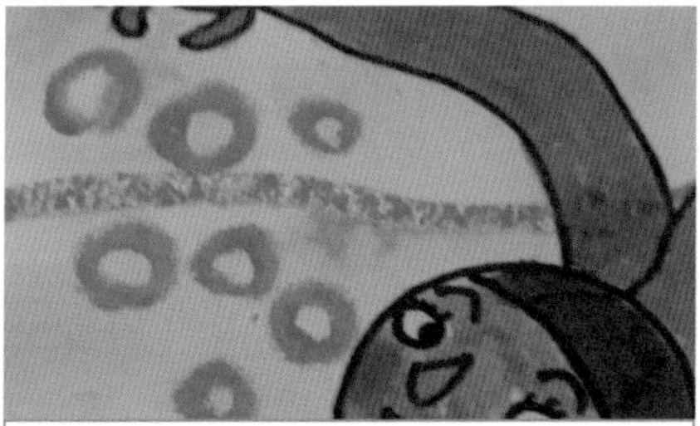
水色のクレヨンで丸を描き、綿棒で整える。

水色のクレヨンで水滴のような形を描き、綿棒で整える。

次のような作品が仕上がる。

（小林俊也）

# 転がりを楽しむ
# 「コロコロころりん」を作ろう

▶▶ 切り方や部品の貼る場所を変えて、転がり方の違いを楽しもう

## 1 準備物

4つ切り色画用紙2色、色紙、のり、はさみ、定規、見本

## 2 授業のねらい

▶形を工夫して「じゃばら」を作ることができる。

▶角の切り取り方や飾りの貼り方によって、転がり方が違うことに気付くことができる。

## 3 単元の流れ（全3時間）

1.「じゃばら」を作る（45分）

2.転がる形を考える（45分）

3.仕上げをする（45分）

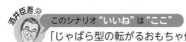

## 4 授業の流れ

### 第1幕 「じゃばら」を作る (45分)

まず、見本を見せる（左写真）。

> 斜面に置くと転がると思いますか。

　「転がる」「転がらない」「スムーズに転がらない」と子どもたちの意見は分かれる。「では、作って試してみましょう」と言って作り方を説明する。

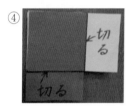  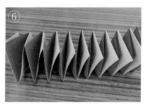

① 4つ切り画用紙から幅5cm、長さ54cmの紙を4枚切り取る。
② 同じ色同士をつなぎ合わせる。のりしろの部分は1cmにする。幅5cm、長さ106cmの紙が2組できる。
③ 垂直に交わるように貼り、緑と赤を交互に折り重ねていく。
④ 最後に残った部分は切り取る。
⑤ のりで貼り合わせる。
⑥ 完成。

### 第2幕 転がる形を考える (45分)

　「じゃばら」を斜面に置いて転がしてみる（斜面が急で滑ってしまう時はタオルを敷くとよい）。子どもたちは、スムーズに転がらないことに気付き「もっとコロコロと速く転がしたい」と言う。

どうすればコロコロとスムーズに転がりますか。

「円にしたらよく転がると思うけど、バラバラになる」「角を切って八角形にしたらいい」……。

スムーズに転がるようにするためのポイントは3つ。

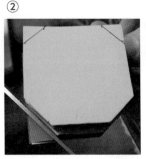
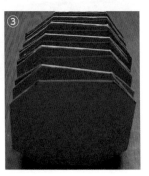

① 八角形にする。

② 線を引いてから角をはさみで切ること。右写真のようになる。

③ 角を大きく切り取りすぎると、作品がバラバラになって壊れてしまうので注意。

切り取ったら、改めて斜面に置いて転がしてみる。

友達と転がり方を比べることで「角の切り取り方によって、転がり方が変わる」ことに気付く。

## 第3幕 仕上げをする (45分)

見本作品を３つ見せる。子どもたちは、興味津々で見る。

① 前面に目や口などを描いて顔を表している。

② 顔や手を画用紙で作って貼り付けている。

③ 帽子と足を付けている。

> この中で、一番転がりにくいものはどれでしょうか。

「③は、足などがじゃまになるから転がりにくくなると思います」

実際に転がしてみる。③である。これで、パーツの付け方の注意点について、子どもたちは分かる。

子どもたちは好きな顔を描いたり、好きな部品を付けたりする。「じゃばら」に表情や体のパーツがつくことで、かわいい作品になる。子どもたちは、表情や部品を付けるなど、作品づくりを追求していく。

## 5 作品発表会

> 自分の作品と友達の作品を転がして、違いを発表しましょう。

「左右に手がついているので、右に左に揺れながら転がっていました」

「動きがおもしろかったです」

「正八角形の作品はまっすぐに転がりました」など、形の違いによって動きが異なることに気が付く。

友達の作品と自分の作品を比べることで、もっとおもしろい動きにするにはどうしたらいいか、子どもたちは、さらに改良する。 （松浦由香里）

# 「不思議」な絵を描こう！

▶▶ マグリットの手法に学んで、「不思議」な絵に挑戦しよう

### 1 準備物

紳士のイラスト（人数分＋α）、色鉛筆

### 2 授業のねらい

▶ルネ・マグリット「ゴルコンダ」の鑑賞を通して、少し「不思議」な表現の仕方について考え、創造的な発想や構想ができるようにする。

### 3 授業の進め方（45分）

黒板に右の「紳士のイラスト」を貼る。

> 男の人が立っています。さらに何か描き加えて、
> 少し「不思議」な絵にしました。
> 何を描き加えましたか。

次の①〜③の絵を黒板に並べて、子どもに発表させる。

①紳士を浮かせる影

②頭上に巨大な青りんご

③帽子をつまむ箸

　このような、少し「不思議」な絵にする手法を「デペイズマン」とよぶ。フランス語で「異なった環境に置く」を意味する。

代表的な画家に、ルネ・マグリットがいる。

開隆堂の「図画工作5・6年上」に、マグリットの「ゴルコンダ」がある。

---

少し「不思議」な絵にするために、どんな工夫をしていますか。

1つ見つけたら、発表しましょう。

---

子どもたちは絵の細かい部分までしっかり見る。

「男の人が規則正しい配列で、宙に浮いている」「男の人全員が全く同じ服を着ている」「雨を降らせるのではなくて、男の人を降らせている」……。

この「ゴルコンダ」をもとに、どんな工夫をすれば、少し「不思議」な絵になるのかを考えさせる。

---

みなさんだったら、どんな工夫で「不思議」な絵にしますか。

---

「大きなものを小さくする」「やわらかいものの上に立たせる」「反対向きの紳士を両端に描いて、リズム感を出す」……。

工夫を多く聞くことで、子どもたちはイメージを膨らませる。

---

実際に描いてみましょう。

---

「紳士のイラスト」の用紙を配ると、子どもたちは描く。

途中で、級友と見せ合う時間をとる。級友の絵を見ることで、新しいアイデアが浮かび、さらに工夫するようになる。最初から、描き直す子も出てくる。

仕上がった子から、教室の後方に掲示していく。教室が「不思議」に包まれる。

(後藤隆一)

---

# オリジナルメッセージクリップを作ろう

▶▶ アルミワイヤーを曲げて、形を工夫しよう

## 1 準備物

アルミワイヤー（直径2mm：70cm、直径1mm：2mくらい）、
ラジオペンチ、麻紐30cm、紙粘土、水彩絵の具、コピー用紙

## 2 授業のねらい

▶アルミワイヤーの曲げ方を工夫し、楽しみながらクリップを作ることができる。

## 3 単元の流れ（全3時間）

1.アイデアスケッチを描く（45分）
2.アルミワイヤーで形を作る（45分）
3.紙粘土で土台を作る（45分）

## 4 授業の進め方

| 第1幕 | アイデアスケッチを描く | （45分） |
|---|---|---|

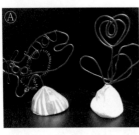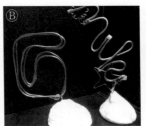

Ⓐ　左：魚　右：花
Ⓑ　左：漢字（匠）　　右：アルファベット（miki）
Ⓒ　左：○と渦巻き　　右：△・□・半円

> 何を表している形だと思いますか。

　「文字かな」「生き物かな」などと子どもたちは作品を見ながら、想像する。
○や△や□などの簡単な形を組み合わせることで面白い作品になることを知る
と、子どもたちは驚く。

> どんな形を作ってみたいですか。

　「魚」「猫」「ハートマーク」「チューリップ」など、様々なアイデアが出る。
　作りたい物が決まったら、コピー用紙にアイデアスケッチを描く。ポイント
は3つ。
　① まず「メインの形」を決める（魚、花など）。
　② 次に「飾りの形」を決める（泡、葉っぱなど）。
　③ 何も思いつかない子には簡単な形（○、△、□など）を組み合わせて
　　 考えるようにアドバイスをする。

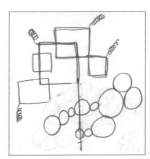

アイデアスケッチがある程度できたら、「ミニ鑑賞会」をする。

> 友達のスケッチを見て、良いところを見つけて発表しましょう。

　「（形の）組み合わせが面白い！」「Aさんが描いた花の形がかわいい！」
……。
　「ミニ鑑賞会」のあとに、アイデアスケッチを直す時間を取る。友達の工夫
を取り入れることで、さらに追求するようになる。

## 第2幕 アルミワイヤーで形を作る (45分)

　アルミワイヤーの端に麻紐（30cm）をきつく巻く。巻き終わりは3回結び、粘土を付けた時にアルミワイヤーが抜けないようにする。

　さらに抜けにくくするために、アルミワイヤーの端は右写真のように折り曲げておく。

　次にアルミワイヤーで形を作っていく。

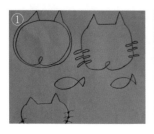
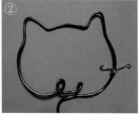
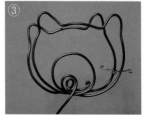

　手順は次の通り。

① アイデアスケッチのなかで、どれを作るか決める。
②「メインの形」を作る。
③「飾りの形」を作る。

　アルミワイヤーで形を作っていくうちに「もっとこうしたい」という気持ちが出てくる。

　「猫にひげを付けたい」「表から見たら猫、裏から見たらクマにしたい」「飾りに魚を付けたい」といった新しいアイデアが浮かんでくる。それらのアイデアを形にするためにはどうすればよいか、子どもたちは追求するようになる。納得するまで、向きや大きさを変える。

前頁下の写真のように、物に巻き付けて幾何学模様を作ることもできる。

① 積み木やマーカーのキャップ、スティックのりにアルミワイヤーを巻き付ける。

② ①で巻き付けた物を外す。

③ 重なっているアルミワイヤーを少しずつずらす。

## 第3幕　紙粘土で土台を作る　　　　　　　　　　　(45分)

ポイントは3つ。

❶ アルミキャップなどを底にして紙粘土を付ける。

❷ 安定した形にする。

　単純な形にする（着色が簡単なため）。

❸ 定規や鉛筆など尖ったもので模様をつける。

　鉛筆であけた穴は鉛筆立てとして使うこともできる。

絵の具が乾いたら、ニスを塗って完成。ムラができないように薄く塗る。

5 付箋を使って作品鑑賞会

　工夫したところを作品票に書く。その作品票を完成したクリップに挟んでおく。

　鑑賞会では、友達の作品の良いところを付箋に書く。その付箋を作品票に貼っていく。鑑賞会後、たくさんの付箋が貼られた自分の作品票を見て、子どもたちは自分の作品の良さを再発見する。

（吉良幹子）

# 思い出の場所をポスターにしよう

▶▶ 住んでいる地域の思い出の場所や好きな場所を絵と言葉で表そう

## 1 準備物

画用紙（６つ切り～４つ切り）、黒模造紙（黒画用紙でもよい）、
コピー用紙（白）、黒マジック、ポスターカラーマーカー（細字）、
色サインペン、鉛筆、絵の具セット、刷毛、はさみ、
蛍光ポスターカラー（オレンジ・レッド・イエロー・バーミリオン）、
地域の名所や学校・街並み・特徴のある建物や風景等の写真

## 2 授業のねらい

▶思い出の場所や好きな場所を「夕日のポスター」にして表す。

## 3 単元の流れ（全３時間）

1．ポスターにしたい場所を決め、下書きをする（20分）

2．夕焼け空を描く（25分）

3．シルエットを描く（45分）

4．キャッチコピーを考え、書く（45分）

## 4 授業の進め方

| 第１幕 | ポスターにしたい場所を決め、下書きをする（20分） |

見本のポスターを見せる。

「子どもたちが、ふるさとの夕日をしっかりと見つめ、その美しさを存分に表現できる楽しいシナリオ」

> あなたはどんな場所をポスターにしたいですか。

「グラウンドから見た校舎を描きたい」「教室から見た景色を描きたい」などと子どもたちは答える。

① 鉛筆で地平線を描く。上に描きすぎると空が狭くなってしまう。夕日の美しさを表すために、空を広くする。
② 黒マジックで建物や木、電線などを描く(写真を見て、描いてもよい)。

## 第2幕 夕焼け空を描く (25分)

> あなたは夕焼けをどんな色で塗りたいですか。

自分のイメージに合った色を蛍光ポスターカラー(オレンジ・レッド・イエロー・バーミリオン)から1つ選ぶ。子どもたちを集めて、描き方を見せる。

▲新聞紙にはみ出すように塗る。

▲蛍光ポスターカラーに絵の具を混ぜ色を重ねる。

① 画用紙を新聞紙の上に置く。刷毛を使って、画用紙からはみ出すように塗る。
② 大胆に塗っていく(夕日の空気感が表現できる)。少し隙間を残しておく。
③ 残した隙間に他の蛍光ポスターカラーを塗る。
　地面の近くは薄く塗る。

## 第3幕 シルエットを描く (45分)

夕焼けの空や、描いた場所に合うものを描きましょう。

① 黒模造紙を地平線に合わせて切り、貼る。

② 黒マジックで建物や木などの風景を塗る。

③ 夕日を描く。

④ 鳥や人など、自分の描きたいモノを丁寧に描く。

   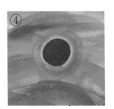

夕日はグラデーションで表現する。

① 鉛筆で夕日の○を描く。

② 夕日の蛍光ポスターカラーを塗る。

③ 夕日の周囲に別の蛍光ポスターカラーを塗る。

④ ③の外側に別の蛍光ポスターカラーを塗る。

子どもたちは、描き方が分かると、集中して描く。どんどん工夫していく。

## 第4幕 キャッチコピーを考え、書く (45分)

その場所に合うキャッチコピーを考えましょう。

　思いついた子から発表させ交流させる。子どもたちは、その場所の好きなところや、その場所での思い出をもとに考える。

▲このまま貼ってもよい

▲間隔を空けるなど並べ方を変えてもよい

　コピー用紙に色サインペンなどでキャッチコピーを書く。文字の周囲を少し残して切り抜く。子どもたちは、夕焼け空に文字をどう並べるかを考えて貼る。

▲筆ペンで書いたもの

▲マーカーで書いたもの

▲直接絵筆で書いたもの

　筆ペンやマーカー、絵筆など使うものによって文字の形が異なる。子どもたちは、描きたい方法を選ぶ。絵が美しいので、字も丁寧に書く。

　黒模造紙（地面）にもキャッチコピーを書く（その場所の名称や紹介など）。鉛筆で下書きし、ポスターカラーマーカーでなぞる。

　出来上がったら、お互いにポスターを見合わせる。さらに描き込みたいものを描く子どもが出てくる。

## 5 ショー＆テルを行う

　できたポスターを使って、ショー＆テルを行う。

> ポスターを使って、思い出の場所を発表しましょう。

　思い出の場所だけでなく、ポスターで工夫したところも、子どもたちはスピーチする。

　地域の学習として「総合的な学習」や、キャッチコピーの学習として「国語」とつなげて、学習していくことができる。

(佐藤　学)

# 「銀河鉄道の夜」の美しい世界を絵に表そう

## ▶▶ スタンプやスパッタリングを使って、形や色で表そう

### 1 準備物

4つ切り黒画用紙、絵の具、歯ブラシ、綿棒、スポンジ、
コピー用紙、新聞紙、はさみ、のり

### 2 授業のねらい

▶構図を工夫して、汽車が夜空を走っていく様子を絵に表す。

▶スパッタリングやステンシルの技法を使い、宇宙の様子を絵に表す。

### 3 単元の流れ（全9時間）

1. 「銀河鉄道の夜」の絵本を読み聞かせ、汽車の構図をラフスケッチする（45分）
2. 汽車を黒画用紙に描く。切り取り並べ、剥がせるのりで貼り付ける（45分）
3. 夜空を塗る。汽車の周りをスタンプする（45分）
4. スパッタリングする。オーロラや銀河の様子をたっぷりと表現する（45分×2）
5. 汽車の白画用紙を外し、汽車の窓や模様を描く（45分×2）
6. ステンシルの型を作り、ステンシルで模様を付ける（45分×2）

### 4 授業の進め方

| 第1幕 | 「銀河鉄道の夜」の絵本を読み聞かせ、汽車の構図をラフスケッチする（45分） |
| --- | --- |

　まず、「銀河鉄道の夜」の絵本を読み聞かせる。全文が読めない場合は、部

分的に話をしてもよい。

> このお話のクライマックスは、汽車が夜空を飛んでいく場面ですね。自分が銀河を旅しているという気持ちで汽車の並べ方を工夫してみましょう。

教師や級友と相談しながら並べ方を確定していく。

コピー用紙等にラフスケッチをする。

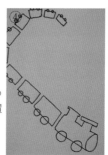

①直線型、②波型、③ぐるっと一周、④縦に画用紙を置く、⑤小→大、⑥大→小、ほか

## 第2幕　汽車を画用紙に描いて貼る　　　（45分）

> 汽車が空を飛んでいくように描くには、どのような配置にしたいですか。

　画用紙に描いた機関車を切り取り、黒画用紙上に並べる。子どもたちは、機関車の動きを自分のイメージ（ラフスケッチ）と重なるように並べる。

　配置が決まったら剝がせるのりで貼る。うまくいかない時は、その機関車の部分だけ作り直して、並べ直していく。

## 第3幕　夜空を塗る。汽車の周りをスタンプする　（45分）

> あなたの夜空のイメージは、何色でしょう。

青系・紫系・緑系の絵を見せてイメージを持たせる。

バックを塗って乾いたら、写真のように汽車の周りをスタンプする。

スタンプは、綿棒付きスポンジを使って汽車の周りを押す。色づくりの時には、必ず「白」を混ぜる。

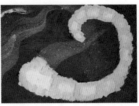

## 第4幕　スパッタリング銀河を描く　　　　　　　　　(45分×2)

宇宙の映像や写真を見せる。

> あなたが、銀河を旅しているとしたら、どんな景色が見たいですか？
> お隣の人とイメージを話し合いましょう。

オーロラ・星・惑星・まぼろし・鳥など、イメージが膨らんでくる。

スパッタリングは子どもが熱中する作業である。

① 新聞紙で覆い、歯ブラシではじく。

② 場所を変えて新聞紙で覆う。

③ 蛍光色を使ったら、さらに発色が良い。

## 第5幕　汽車の白画用紙を外し、汽車の窓や模様を描く(45分×2)

汽車の白画用紙を外すと、周りの明るさとは対照的に黒い機関車が浮かび上がる。子どもたちの表現意欲は高まり、さらに表現を追求していくようになる。

① 車輪を描く。黒の中を周りの色の絵の具で塗り、車輪の形を浮かばせる。
② 窓に蛍光のオレンジを塗る。
③ 乾いたら、油性ペンで窓の枠を書き込む。

## 第6幕 ステンシルの型を作り、模様を付ける （45分×2）

自分がイメージしている銀河の様子をイメージして描きます。

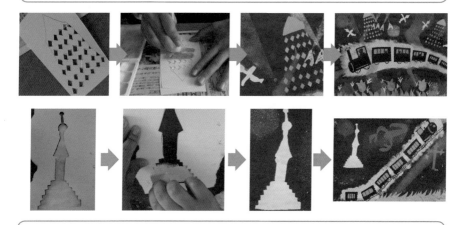

他に自分で描き足したいものがあれば、自由に描いてみましょう。

人物や線路、汽車の名前、さそりや木々など好きな模様を付ける。一人一人のイメージが広がった「銀河鉄道の夜」の絵が仕上がる。

 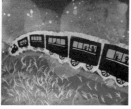

（勇　和代）

# レストランを再現‼

▶▶ 紙粘土を使って、おいしいものを作り、レストランを作ろう！

### 1 準備物

紙粘土、絵の具セット、新聞紙、ニス、食器、A４コピー紙など

### 2 授業のねらい

▶紙粘土や身近なモノを使い、表したいものを形にすることができる。

### 3 単元の流れ（全6時間）

事前学習：自分は何を作るかを考え、写真を集める

1. 紙粘土を使い、形を作る（90分）
2. 着色する（90分）
3. ニスを塗る。飾りの物を作る（30分）
4. 展示の仕方を一工夫（45分）

### 4 授業の進め方

| 事前学習 | 自分は何を作るかを考え、写真を集める |
|---|---|

みんなでおいしいものを作って、レストランを作りましょう。
あなたは、何を作りたいですか。

事前に参考作品を見せて、何を作るかを考えておく。

自分の作るものの資料を集めておく。

同じものに偏ってしまうと楽しくないので、希望を事前段階で調整する。

## 第1幕　紙粘土を使い、形を作る　　　　　　　（90分）

> あなたは、何を作りますか。発表しましょう。

「ケーキ」「オムライス」……。それぞれ自分の作りたいものを発表する。

ポイントは色や形。紙粘土でどう表現したら、本物そっくりになるのかを考え、形を作る。

大きなものを作る場合は、新聞紙を土台にして、そこに、紙粘土を付けていく。

> 本物らしくするには、どうしたらいいですか。

「よく見て、色や形を真似する」「はっきりした色にする」など、子どもたちは、自分の作るものに対し、どう工夫するかを考えていく。

作りながら、うまくいかないと、作るものを変更したり、最初からやり直したりしていた。粘土だから、自由にできる。

「団子を作りたいけれど、団子が大きすぎないかなあ。あんまり大きいと、本物らしく見えないのではないかな」という不安を、友達に尋ねていた子は、友達から「大きい方が目立っていいよ」とアドバイスをもらった。そのアドバイスを採り入れて、制作を続けていた。

子どもたちは、初めてやることに対し、不安を持つ。友達や先生の一言で、やる気になる。

## 第2幕  着色する  （90分）

色を付けます。おいしそうに見せたいね。どんな工夫ができますか。

「きれいな色にする」「焦げ目をつける」など、子どもたちは、自分の作品にできる工夫を考える。

着色の一番のポイントは、濃い色で着色すること。絵の具の色が薄いと紙粘土に吸収されてしまう。薄く塗った子には、上から濃い色で塗り重ねればよいことを教える。

着色する中でも、子どもたちは工夫していく。

右の子は、最初、イチゴをケーキの台に乗せて作っていたが、着色するときに塗りづらいので、イチゴを分解し、着色し、あとでボンドで接着していた。イチゴは一つ一つ分かれているので、イチゴの粒まで絵の具で表現することができ、満足していた。

## 第3幕  ニスを塗る。飾り物を作る  （30分）

十分に乾いたら、ニスを塗る。ニスの順番待ちの間に、飾り物や添え物を作った。

左の皿は、レタスのようなふわふわの葉物は、粘土では作りづらいことに気付き、何で作ろうか考えた。最初、黄緑色の色紙で作っていたが、紙が固く、

うまくいかない。調べたら、ペーパーフラワー用の紙があることが分かった。クレープペーパーというこの紙は、伸び縮みができ、レタスにぴったり。エビフライを作っていた子にも勧め、2人で「ぴったりだ！」と、喜んでいた。

右の皿は、近くにスプーンやフォーク

を置く、ナプキンを付ける工夫をした。一気にレストランらしくなった。

　左の写真は、ハンバーガーの下に敷くナプキンを工夫した。

　右の写真は、チキンにリボンを付け、工夫した。

| 第4幕 | 展示の仕方を一工夫 | （45分） |

　スイーツ系・和食系・洋食系とグループに分けた。展示の仕方を子どもたちは工夫した。高学年の子どもたちは、このような工夫が大好きである。存分に発揮させたい。

（佐藤貴子）

# 太鼓を叩く自分を力強く描こう

▶▶ 一版多色刷り版画で、色鮮やかに仕上げよう

## 1 準備物

シナベニア板（16切り画用紙の大きさ）、彫刻刀、バレン、
黒画用紙（16切り画用紙の大きさ）、布ガムテープ、4B鉛筆、
油性黒マジック（中細と極細）、白色のポスターカラー

## 2 授業のねらい

▶太鼓を叩く自分を工夫して描くことができる。

▶一版多色刷り版画を、楽しみながら刷ることができる。

## 3 単元の流れ（全8時間）

1．下絵（45分）

2．彫り（45分×3）

3．刷り（90分×2）

## 4 授業の進め方

| 第1幕 | 下絵 | （45分） |
|---|---|---|

まず、参考作品を見せる。

「これは版画です。一版多色刷り版画と言います。
やり方は簡単。楽しく作っていきましょう」

この作品が版画であることに、子どもたちは驚く。
今までの版画のイメージと違うので、子どもたちは
関心を持つ。

下絵は、次のステップで描かせる。シナベニア板
に直接、描く。

① 太鼓の皮だけを描く。

　鉛筆で描く。描く場所は、板の下の方。傾かせて、大きめに描く。

② バチと手を描く。

　バチは鉛筆で描く。高さや方向をそろえないように描くと、動きが出る。

　手を描く部分からマジックで描く。手の甲（手の平）、指の順に描く。手を描いた後、バチをマジックで描く。バチが短い、細い場合には、長く、太くして描く。

③ 顔と胴体を描く。

　まず、顔を描く。嬉しそうな表情で叩いている顔、力強い表情で叩いている顔など考えて描く。

　次に、太鼓の皮の部分をマジックで描く。その後、胴体を描いていく。動きを出すために、顔と胴体を一直線にしないように描く。首は描かない。

④ 胴体と手をつなぐ。

　「直線つなぎ」をしないことで、太鼓を叩く力強さが出る。

⑤ 太鼓と法被を描く。

　太鼓の横の部分を描いた後、法被を描く。法被を描く時のポイントは、半袖にすること、襟をつけることである。

　板の下の方に空間が空いている場合には、2つ目の太鼓を描いたり、足を描いたりする。左のような下絵を、子どもたちは仕上げた。

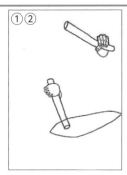

### 第2幕　彫り　　　　　　　　　　　　　　（45分×3）

　使う彫刻刀は、ほとんど小丸刀である。細
かい部分だけ、三角刀を使う。

- 彫刻刀は鉛筆を持つように持ち、もう片方
  の手は彫刻刀に添える。
- 一彫り1cm以内で、少しずつ彫る。
- シナベニア板を回して、彫る方向を同じ向
  きにする。

　子どもたちを集めて、彫り方を見せる。

「線の上をただ彫るのではありません。フニャフニャフニャと柔らかいと感
じた所はフニャフニャフニャという気持ちで柔らかく彫っていきます。ゴツゴ
ツと感じた所は、ゴツゴツゴツという気持ちで彫っ
ていきます。マジックの線からずれても構いません。

　下絵を描いた時に、小さくなったなあと思う人は、
線の外側を彫れば大きくなりますね」

　このように、微修正をしながら「刃で描く」よう
に彫ることを教える。

　あとは、机間巡視をしながら、ほめたり、個別指
導をしたりする。

　子どもたちは、質感を意識して彫る（左写真）。

### 第3幕　刷り　　　　　　　　　　　　　　（90分×2）

　彫りが終わったら、シナベニア板と同じ大きさの黒画用紙を貼り付ける。写
真のように、本のようにめくることができる
ように、一方をガムテープでとめる。

　教師の周りに集め、刷りの仕方を見せる。

- 絵の具をドバッと出す（ケチケチしない）。
- 白色を必ず混ぜる。
- 水を入れない（固まってきた時に、少しだ

け入れる)。

・シナベニア板に色をつける目安は、500円玉の大きさぐらい。その後に、ずれないように黒画用紙を重ね、バレンをかける(この作業を繰り返す)。

・刷った後に、黒いポツポツが出るのがいい(色がハッキリと出ない時だけ、もう1回色をつけて刷る)。

・色に変化をつけると、質感が出て、面白い。

これらのポイントを、子どもたちと対話しながら教えていく。

あとは、子どもたちに任せる。刷りが進むにつれて、版画がだんだんできあがってくる。子どもの気分がのってくる。刷りを丁寧にしていく。

5 2回目の刷りで、「深い学び」に

時間に余裕があれば、刷りの2回目をする。シナベニア板を洗って乾かした後に、取り組む。

子どもたちは、1枚目とは色合いを変えたり、濃さを変えたりして工夫して刷る。このように追求することで「深い学び」となる。(全作品=小4児童)

(上木信弘)

# 麦畑と遠景を組み合わせて
# 風景を描こう

▶▶ 生活の中で見つけたお気に入りの風景を絵に表そう

**1 準備物**

4つ切り白画用紙、絵の具セット、油性ペン（緑色か茶色）、鉛筆

**2 授業のねらい**

▶身近な見慣れた風景の中から好きな場所を見つけ、絵に表すことができる。

**3 単元の流れ（全5時間）**

1. お気に入りの場所を考える（15分）
   空を塗る（30分）
2. 麦を描く（45分×2）
3. 遠景を描く（45分×2）

**4 授業の進め方**

| 第1幕 | お気に入りの場所を考え、空を塗る | （45分） |

> 皆さんのお気に入りの場所はどこですか。

子どもたちからは、それぞれ公園や地域の建物などが出る。

「先生のお気に入りの場所は学校の近くの橋です」と、参考作品を見せる。

「わーすごい！」「麦が描いてあるね」

麦とお気に入りの場所を組み合わせて絵を描くことを伝える。

> お気に入りの場所には、どんな空が似合いますか。

「夕焼け空」「青空」と描きたい空を決める。

空が決まったら構図を考えさせる。縦でも横でもよい。

空には雲を浮かべる。このとき雲がお行儀よく並ばないように大小をつけ、散らばるように描くことを伝える。子どもの絵の見方・考え方が広がっていく。雲は鉛筆で薄く描き、その周りを絵の具で塗る。画面の空は下に行くほど薄くして、画面の4分の1ほどは何も塗らないで残しておく。

## 第2幕　麦を描く　　　　　　　　　　　　　　　（45分×2）

> 麦には何がついていますか。

実物を渡して観察させる。「茎」「葉」「実（粒）」「ひげ（ノギ）」に気付く。

実物がない場合は写真でもよい。その後1本だけ麦を描く。

麦は緑色の麦にするか、黄金色の麦にするかを決める。緑色の場合は、緑色か黄緑色の油性ペンで描く。黄金色の場合は、茶色か黄土色の油性ペンで描く。

鉛筆で茎を描き、茎の上に油性ペンで麦の粒を描く。茎を油性ペンで描く。ひげ（ノギ）や葉を描く。

1本できたら絵の具で彩色する。

次に2本目を描く。

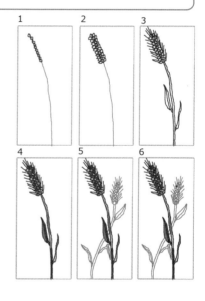

2本目は1本目に交差するように描く。麦畑らしくなることに子どもたちは気付く。

2本目は、茶色から黄土色へと描くペンの色を変えてもよい。

このように麦を描いていく。

また、次の2点も気を付けさせたい。

① 葉のつき方

> A と B の葉どちらが本物らしいですか。

子どもたちは「B」と言う。

「葉っぱの根元に茎が付いているから」

② ノギの描き方

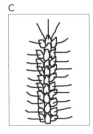

C　　　　　　　D

> C と D ではどちらが麦らしいですか。

「D」にほぼ全員の手が上がる。

「C は毛虫みたい」と笑っている子もいる。

　ノギは斜めにすっと伸びるように描くとすがすがしいことを伝える。このように尋ねることで、見方が深まっていく。

　麦が完成したら鑑賞し合う。

> 友達の作品の素敵なところを発表しましょう。

「麦の粒を丁寧に描いているね」「色の変化が素敵だね」……。

　鑑賞した後、手直しの時間を取る。友達の作品を見て、麦を増やしたり、色を重ねて変化を加えたりすることで、麦の表現を追求することができる。

## 第3幕 遠景を描く (45分×2)

　遠景は画面の下のほうに鉛筆で描く。お気に入りの場所に出向いていって描いてもよいし、写真を撮ってきて見ながら描いてもよい。

お気に入りの場所を遠景に描きましょう。

鉛筆で下絵ができたら、絵の具で彩色する。

5 作品鑑賞会を行う

絵で伝えたかったことをカードに書きましょう。

　絵のタイトル、伝えたい思いなどを短い文章にして、作品カードに書く。

「大好きな学校」
私のお気に入りの場所は6年間通った学校です。大好きな学校を遠景に入れ、屋根の色の変化を丁寧にぬりわけました。

友達の作品のよいところを見つけ、発表しましょう。

「夕焼け空がきれいに表現できている」
「麦が生き生きしている」
「牛が好きだというのが伝わった」
　このような感想を交流することで、子どもたちの絵の見方は深まっていく。

（佐々木智穂）

# 水墨画で雪舟に挑戦

▶▶ 墨の濃淡や筆の動きを試しながら、表したいことを描いてみよう

### 1 準備物

見本作品、習字セット、習字用半紙、版画用紙、プリンカップ

### 2 授業のねらい

▶墨の濃淡や筆の動きを試しながら、墨絵を楽しんで描くことができる。

### 3 単元の流れ（全2時間）

1.「魚」「竹」「トンボ」を墨の濃淡や筆の動きを試しながら、
習字用半紙に練習する（45分）
2.自分の表したいことを、水墨画に描く（45分）

### 4 授業の進め方

| 第1幕 | 習字用半紙に練習する | （45分） |

> （見本作品を見せながら）社会の授業にも似たような絵が出てきましたね。
> 水墨画といいます。水墨画にはどのような特徴がありますか。
> お隣さんと相談しながら見つけましょう。

「筆で描いている」「墨だけで描いている」「墨の薄いところと濃いところがある」「自然を描いている」……。

子どもたちは水墨画に対する興味を持つ。

> みなさんも雪舟みたいに水墨画を描きます。水墨画で何を描きたいですか。

「山」「魚」「川」「山のふもとにある家」など出てきた意見は全て受け止め、水墨画を描きたいという意欲を高める。

> 初めに先生と一緒に練習をします。水墨画を描く時に工夫できそうなことはありますか。お隣さんと相談しましょう。

子どもたちの発表を受けて、次のことを確認する。

1. 墨の濃さを変えること
2. 筆を払ったり、はねたり、止めたり、動きを変えること
3. ゆっくり描いたり、素早く描いたり、速さを変えること
4. かためて描いたり、バラバラで描いたりと密度を変えること

> 今日は、「魚」「竹」「トンボ」の3つを描きます。

① 墨汁に水を入れて、プリンカップに3種類の濃さの墨を作る。
② 習字用半紙に「魚」「竹」「トンボ」を描く。

③「魚」を描く……初めに体を描く。体はまっすぐ描かず、曲線で描く。次に尾びれ、目、胸びれ、しりびれを描く。ひれは、スーッとのばすように描くと、生命感が出る。

④「竹」を描く……竹は下からググッと上に向かって描く。節でいったん止める。少し間を開けて、次の節を描く。まっすぐ一直線ではなく左右どちらかに曲げて描いた方がしなやかになる。葉はスッスーッとのびやかに描く。

⑤「トンボ」を描く……胸、腹と描く。腹は胸より長く描く。次に目を大きめに描く。羽を4枚、胸から出るように描く。

⑥ 自由に描く…… 3つの課題を描き終えた子は、自由に好きな題材を練習する。

　この時間で子どもたちは、墨の濃淡のつけ方や筆の動きが分かるようになる。この1時間だけで素敵な作品が仕上がる。

## 第2幕　水墨画を描く　　　　　　　　　　　　　　　（45分）

> この大きな紙（版画用紙）に描きます。最初に描きたいものと変わって構いません。練習したものを組み合わせてもいいです。何を描くか迷ったら、班の子に相談しましょう。雪舟に負けない自分だけの作品を描きましょう。

　何を描くか悩む子は練習で描いた題材を組み合わせたり、周りの子が描いている題材を参考にしたり、班の子に相談したりしながら決めることができる。

　机の上で描きにくい子は床で描いていた。床に紙や習字セットを広げて描きながら、周りで描いている子と「次、どうしようかな」「こうすればいいんじゃないかな」など自然と話し合いが生まれた。構想が広がっていった。

　教師は机間巡視をしながら「この題材は先生も思い付かなかったよ。凄いね」「墨の濃淡がきれいですね」「この空白の部分が効いてるね」とほめる。

> みんなとても素敵な水墨画ができています。先生が見るだけではもったいないので、途中ですが、友達の作品を見て回りましょう。

　お互いの作品を見て回ることで、見方・考え方が広がる。

> 友達の作品を見て「上手だな、工夫しているな、真似したいな」と思ったところを見つけた人はいますか。

　友達の作品の良いところを次々と発表させる。見つけたことをほめる。

> 友達の作品を参考にしてもいいですからね。仕上げます。

　子どもたちは、さらに作品づくりに集中して取り組む。

　時間があれば鑑賞会を行う。子どもの見方、考え方がさらに深まる。

（井上和子）

## 6年 3 ゆらゆら、どきどき

# 針金を変身させて、ゆれるおもちゃを作ろう

▶▶ 形や動きから発想して、動きのあるおもちゃを作ろう

## 1 準備物

針金1本（太さ・14番、長さ・約50cm）、磁石4個（直径約18mm）、
色画用紙15色程度（8つ切りの1/16程度）、
やじろべえの台：500mlペットボトルや角材（約20×3×3cm）、
ペンチ、はさみ、スティックのり、のり付け用新聞紙（または裏紙など）

## 2 授業のねらい

▶針金を曲げてゆれる仕組み（やじろべえ）を作り、その形や動きなどから
　発想して様々なものを作り出す。

## 3 単元の流れ（全3〜4時間）

1. 針金でやじろべえを作る（60分）
2. やじろべえの形や動きから発想して飾りを作る（45分×2）

## 4 授業の進め方

| 第1幕 | 針金でやじろべえを作る | （60分） |
|---|---|---|

見本作品を見せる。

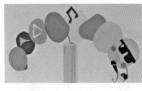

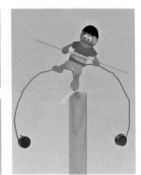

> この作品の良いところ、おもしろいところを発表しましょう。

「ゆれながら歌っているところが良い」「追いかけている動きがおもしろい」など、動きのおもしろさや飾りの工夫を見つける。

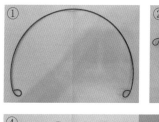
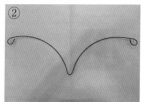
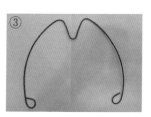

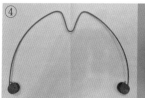

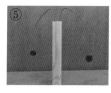
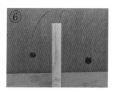

まず、やじろべえの「基本形」を作る。

① ペンチで針金の両端を丸くする。

　（安全のためと、おもり（磁石）を取り付けるため）

② 針金の端と端を合わせ、真ん中になるところを手で曲げて「V」の形を作る。

③ 手で「W」の逆の形を作る。

④ 針金の両端に磁石を2個ずつ取り付ける。

⑤ ペットボトルや角材の上に置く。

⑥ バランスを取りながら、様々な形のやじろべえを作る。

## 第2幕 やじろべえの形や動きから発想して飾りを作る（45分×2）

　飾り付けのイメージを持たせるために、子どもたちと対話しながら実際に作って見せていく。

やじろべえをゆらして、じーっと見ます。
先生には、何も思い浮かびません。
とりあえず色画用紙を1枚、やじろべえに付けてみます
（裏側からセロハンテープで仮止めをする）。
もう一度やじろべえを動かして、じーっと見ます。

やっぱりまだ思い浮かびません。
とりあえず色画用紙を選んで好きなように切って
顔の輪郭を作ります。仮止めをします。
動かして、じーっと見ます。どうですか。

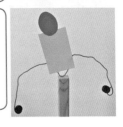

「たまごみたい」「ゆれていると横向きみたい」

はずします。とりあえず、また色画用紙を切って
置いてみます。どうかな？

「サングラスをしているみたい」

さらにじーっと見ます。
帽子みたいなものを作ってみたくなりました。

「水泳みたい」

あと、何を付けたしたら顔に見えるかな？

「目！」「口！」「鼻！」

鼻と口を作って、置いてみました。どう？

「鼻は三角のほうがいい！」「口はこっちがいい！」

# 針金を変身させて、ゆれるおもちゃを作ろう ◼

顔をやじろべえに付けて動かしてみます。
スキーを滑っている人が思い浮かんできたので、
作ってみることにします。

　対話をしながら進めることで、子どもたちは、飾り付けの仕方や、イメージの持ち方に気付いていく。
案が思い浮かばない子には、こう伝える。

見たこともないような顔を作ろう。
何を付けると顔に見える？

　「目と口」は必ず作る。その他の部品（髪の毛、鼻、耳、髭、飾り、手、足など）は、子どもたちの創意工夫に任せる。
　子どもたちは「作る→動かしてみる→作りかえる」を繰り返しながら形を追求していく。納得する形ができたら、のりやセロハンテープで固定する。
　やじろべえの台に飾りを付けたり、発展形として、竹串を活用して飾りを作ったりする子どもも出るだろう。その工夫を大いにほめたい。

## 5 作品鑑賞会を行う
　完成後には鑑賞会を行う。

友達の作品の好きなところ、素敵なところ、すばらしいところを見つけ、
発表しましょう。

（原実践は北海道教育大学の佐藤昌彦氏）　　　　　　　　　　（伊藤夕希子）

**6年 4 すてきな明かり**

# 色画用紙でランプシェードを作ろう

▶▶ 自分なりの形を工夫して、使えるものを作ろう

## 1 準備物

8つ切り色画用紙、8つ切り白画用紙、セロハンテープ、はさみ、ライト

## 2 授業のねらい

▶はさみをうまく使いながら、自分の思うような形の作品を仕上げることができる。

## 3 単元の流れ（全2時間）

1. 活動内容を知り、色画用紙を切る（45分）
2. 作品を仕上げ、点灯会を行う（45分）

## 4 授業の進め方

| 第1幕 | 活動内容を知り、色画用紙を切る | （45分） |
|---|---|---|

見本作品を見せる（暗い場所で、点灯させる）。

この作品を見て、思ったことや感じたことを発表しましょう。

　暗い部屋で幻想的に光るライトを見た子どもたちは「早く作りたい」と意欲的になる。

　教室に戻り、作り方と注意点を教える。

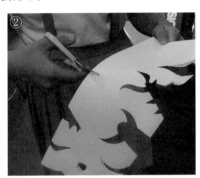

①のように、白画用紙を縦にして、半分に折る。

②のように、折り曲げた側と反対側から好きなように切れ込みを入れる。

③を開くと、④のような形になる。

ライトを隠すため、⑤のように、下から5〜7cm程度は切らない。

また、⑥のような箇所では、折り曲げた側からとその反対側からの切れ込みがあまりにも近すぎると、画用紙が破れやすくなったり折れ曲がりやすくなったりするので気を付ける。

⑦のように、端のほうは、セロハンテープでとめることになるので、平らな箇所を残しておく。

> 時々開いて、自分の思うような形になっているかを確認しながら切りましょう。

級友と見せ合うことで、工夫を知ることができる。子どもたちは、級友の工夫を採り入れるなど、形作りを追求する。

## 第2幕　作品を仕上げ、点灯会をする　　　　(45分)

> 自分の作品に一番合うのは、何色の色画用紙だと思いますか。

選んだ色画用紙を縦半分に折る。切れ込みを入れた白画用紙と貼り合わせて筒状にする。

①のように、まず、セロハンテープで真ん中を貼り合わせる。

続いて②のように、画用紙の端の部分に、半分はみ出るようにしてテープを

貼る。

　最後に、③のように、はみ出した部分を反対側の色画用紙に貼り付ける。

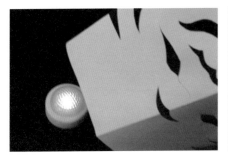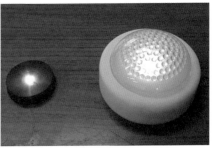

　ランプシェードの中に入れるライトは、教材屋や百円ショップ等で手に入る。

　真っ暗な部屋の中で点灯させると、幻想的な雰囲気になる。もう１個作りた
いという子が多く出てくる。

（小林俊也）

# サーフィンのチャンピオンになった夢

▶▶ 波の音や形を想像しながら、勢いよく描こう

## 1 準備物

4つ切り白画用紙、絵の具、刷毛、歯ブラシ、コピー用紙、ネームペン、のり

## 2 授業のねらい

▶刷毛を大胆に使って波の形や色を表現することができる。

▶サーフィンのチャンピオンになった自分を想像して描くことができる。

## 3 単元の流れ（全5時間）

1. 波を描く（45分）

2. 人とサーフボードを描いて貼る（45分×2）

3. 波の重色をする（45分）

4. カモメを描く（45分）

## 4 授業の進め方

| 第1幕 | 波を描く | (45分) |
| --- | --- | --- |

まず、サーフィンの画像を見せる。

> どんな音が聞こえてきそうですか。

「ザブーン」「ドバーン」などの音で波のイメージを膨らませていく。

作品Ⓐを見せる。「大波の音が聞こえる」などと子どもたちはつぶやく。

大波は、下絵Ⓑから描く。地平線の傾きや波の形を鉛筆で大まかに決める。

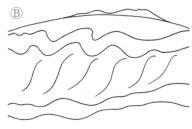

下絵の次は彩色。教師の周りに集めてやり方を見せる。

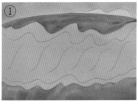
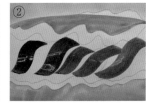

① 空は水色で塗る。「遠くの海」「近くの海」は青色で塗る。

　どちらも刷毛を使い、薄く塗る。

② 藍色を塗る。刷毛を水にジャブジャブとつけて絵の具を薄めてから塗る。

　鉛筆で描いた「波の流れ」に沿って刷毛を動かす。

③ ビリジアンを塗る。藍色同様に水をたっぷりと含ませて塗る。藍色に重ねて塗る。

④ 白波を塗る。20号程度の太い筆を使う。

　右図のように8の字を描くように筆を動かすとよい。

⑤ 白色を歯ブラシで弾き飛ばして（スパッタリング）波しぶきを表現する。

⑥ 遠くの島を塗る。紫色、青色、緑色などを薄く塗る。

　完成したら「ミニ鑑賞会」。「大きな波の音が聞こえる」「波の勢いがいい」など、様々な波の形や色を知ることができ、子どもたちは絵の見方を学ぶ。

## 第2幕　人とサーフボードを描いて貼る　　　（45分×2）

> あなたは、波のどこでサーフィンをしている自分を描きたいですか。

　実際に見本のサーファーを動かして見せることで、子どもたちは楽しい気分になる。音をつぶやく子も出てくる。描きたい気持ちが高まる。

> どんな順番で体を描くと、「動き」がよく表現できるでしょうか。

① 頭　② 胴体　③ 手　④ 腕（肩と手をつなぐ）⑤ 足　⑥ 脚（腰と足をつなぐ）
⑦ 服の模様　⑧ 彩色

　人もサーフボードもコピー用紙（Ａ５程度）にマジックで描き、水彩絵の具で塗る。その後、切って、波の上に貼る。

　動きが大きく出るようにするためのポイントは次の通り。

- ・**頭と胴体をまっすぐにつなげないこと**　　・**手足を遠くに描くこと**
- ・**腕と脚を遠回りして描くこと**
- ・**服の模様は、波の上で目立つ色を塗ること**

　サーフボードは、輪郭の中に好きな模様を描き、派手な色を塗る。

> サーフィンのチャンピオンになった自分をイメージして描きます。

　チャンピオンになった自分をイメージして描くので、子どもたちは楽しい。動きや服、サーフボードの模様などに工夫をしていく。

　２人目、３人目が描けたら、配置を３通り考える。

サーフボードや人の向きを変えたり、並べ方を変えたりすることで絵の雰囲気が変わることに気付き、追求していく。友達と相談してもいい。配置が決まったらのり付け。

## 第３幕　波の重色をする　　　　　　　　　　（45分）

　藍色とビリジアンをサーフボードに少し重ねて塗る。これでサーフボードに波がかぶっている雰囲気が出る。

　左の絵のように、白を薄く塗ったり、スパッタリングをしたりすると、波しぶきをあげながら波にのる表現になる。

## 第４幕　カモメを描く　　　　　　　　　　　（45分）

　大きいカモメや小さいカモメを描く。画面上にさらに動きが出て、海の音だけでなく、カモメの鳴き声や羽ばたきまで聞こえてくる絵になる。

（森本和馬）

# 風で舞い上がる竜を作ろう

▶▶ 風で舞い上がる「竜」を作って遊んだり飾ったりしよう

## 1 準備物

コピー用紙（A4、1人3枚）、トイレットペーパー（シングル）、セロハンテープ、
はさみ、鉛筆、油性ペン、色画用紙（青もしくは、紺色など濃い色）、
扇子（風を起こす時に必要）、必要に応じて扇風機

## 2 授業のねらい

▶軽くて風になびくトイレットペーパーの素材を生かして、風で舞い上がる
竜を造形する。

▶同時にできあがった別の素材（コピー用紙）の竜を飾って、鑑賞する。

## 3 単元の流れ（全3時間）

1. 完成したトイレットペーパーの竜が舞う姿を見て、
竜の素材について知る（10分）
2. 軽くて柔らかいトイレットペーパーを加工して竜を作る（80分）
3. 竜の飛ばし方について試行錯誤したり、
完成品を掲示して相互に鑑賞したりする（45分）

## 4 授業の進め方

| 第1幕 | 竜を作る | （90分） |

授業開始時に、竜を飛ばしてみせる。

あらかじめ作っておいたトイレットペーパーの竜を手に持ち、扇子で下から
あおぐ。下からの風が竜に当たったら、手を離して竜が宙を舞う様子を見せる。

> 竜が宙を舞いました。この「竜」の材料は何だと思いますか？

　子どもたちは、「コピー用紙？」「和紙？」「ティッシュペーパー？」などと発表する。何度か宙を舞っている様子を見るうちに、柔らかい素材であることが分かる。

　子ども同士で話し合っているうちに、トイレットペーパーが出てくる。

> 今日は、「トイレットペーパー」を材料に風で舞い上がる竜を作ります。

　意外な材料であり、身近にある材料に子どもたちは、興味を示す。

## 1　切る準備

　トイレットペーパーは、加工しづらい。

　コピー用紙を使うと加工しやすい。コピー用紙を3枚準備する

①コピー用紙を3枚並べる。②セロハンテープでつなげる。③2つに折り曲げる。

> 竜を描いていきます。横向きの竜にするか、正面にするかを決めます。

　頭の位置とだいたいの大きさを鉛筆で決めておいて、竜の頭から描いていく。

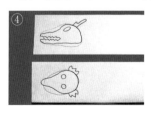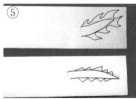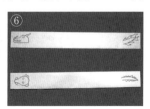

④　横向きか正面か。頭、目、角、ひげも描く。

⑤　しっぽを描く。ちょっと曲げたり向きを変えてみる。

⑥　ここまでの全体像。頭としっぽを完成させる。

　しっぽが完成したら、頭としっぽをつないで体を描く。

体を描きます。直線と曲線、どちらで描くと動きが出ますか？

　曲線で描く。直線で描くと、固まった感じになり、動きが出ない。しなやかに曲がった線で描く。

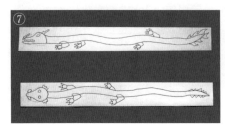

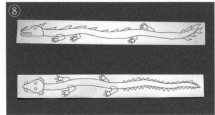

⑦ 曲線でつなぎ手足を描き入れる。
　これで、竜の絵は完成である。

⑧ 背中やしっぽにでこぼこを付ける。

## 2 はさみで切り取る

　完成したら、トイレットペーパーを配付する。

宙を舞う竜を切り取ります。トイレットペーパーを折り目の間に挟みます。

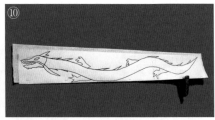

⑨ 折り目の間にトイレットペーパーを挟む。

⑩ ずれないようにホチキスで数カ所留める（絵にかからないように）。

最初に、目をくりぬきます。くりぬくには目尻で折り曲げて切り取ります。

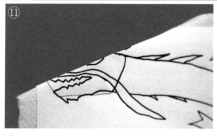

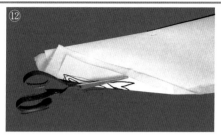

⑪ 目の部分を縦に折り目をつける。　⑫ はさみで目をくり抜く。

　目をくり抜いたら、あとは、線に沿ってゆっくりゆっくりと切り取っていく。すべてを切ったら、写真⑬のような「白い竜」が完成する。

　さらに（切りやすいように挟んだ）コピー用紙の竜が2つできる。

　油性ペンで描いたものには、線が残っているが、もう1つの裏側の面に真っ白い竜ができている。この白い竜を色画用紙に貼り付けて掲示用に活用する。

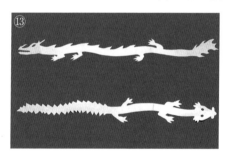

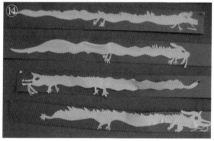

⑬ 完成した竜トイレットペーパー

⑭ 色画用紙に貼ったコピー用紙の竜（掲示用の竜）

## 第2幕　鑑賞する　トイレットペーパーの竜を飛ばす（45分）

　竜を飛ばすには、扇子を使って下から強くあおぐ。真下からの風で竜が宙を舞い、風の力で踊るように飛ぶ姿を見ることができる。校庭に出て外で飛ばすときは晴天で微風の時を選ぶ。強い湿気や強風では、壊れる可能性がある。

　青い色画用紙の台紙に貼り付けた作品を掲示する。付箋に良いところを書いて貼ったり、ミニ鑑賞会をして作品の良さや工夫を話し合ったりする。

（原実践は北海道教育大学の佐藤昌彦氏）　　　　　　　　　　　　（廣川　徹）

# オリジナル「動物テープカッター」を作ろう

▶▶ 形を工夫したり、色の組み合わせを考えたりしながら使えるものを作ろう

## 1 準備物

テープカッターセット（市販）、コピー用紙、黒マジック、絵の具セット、カーボン紙、電動糸のこぎり、ニス、ドライバー、木工用ボンド

## 2 授業のねらい

▶動物の形や色の塗り方・組み合わせ方を工夫し、楽しみながらテープカッターを作ることができる。

## 3 単元の流れ（全5時間）

1. コピー用紙に下絵を描く（45分）
2. カーボン紙を使って下絵を板に写す（25分）
3. 電動糸のこぎりで板をカットする（20分）
4. 板に彩色する（45分×2）
5. ニスを塗り、組み立てる（45分）

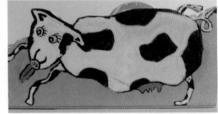

## 4 授業の進め方

| 第1幕 | コピー用紙に下絵を描く | (45分) |

まず、見本作品を見せる。

> あなたなら、どんな動物のテープカッターを作りたいですか。

牛、イノシシ、猫、パンダなど様々な動物を発表する。

どの動物も、描く順番は同じである。

| ① 頭　② しっぽ　③ 胴体　④ 足　⑤ 体の模様　⑥ 背景 |

　この順に描くと、板いっぱいに動物を描くことができる。1枚の板を無駄なく使うことができる。実際に、黒板に3種類ほど描いて見せると、子どもたちは、その良さに気付く。

　その後、板と同じ大きさの枠を描いたコピー用紙に、下絵を描く。

下にあるように「魚の群れ」や「3匹の子ブタ」もおすすめである。

　描き方が分かると、子どもたちは思い思いに工夫しながら描く。表情やしっぽの位置、足の向きなどを何度も描き直しながら、自分なりに納得のできる形を探っていく。

　ある程度完成したら「ミニ鑑賞会」を行う。

> 友達の下絵を見て、良いところを発表しましょう。

　お互いの下絵を見合って、良いところを出し合う。

　「体の模様が本物みたいです」「表情がかわいいです」など、お互いの良い点を認め合うことで、意欲を高めることができる。友達の意見によって、絵の見方を広げることもできる。

　「ミニ鑑賞会」後、下絵を直す時間を取る。しっぽの位置を変えたり、模様や背景を変えたり、友達の表現を取り入れながら、下絵を追求していく。

## 第2幕　カーボン紙を使って下絵を板に写す　　　　（25分）

　板と下絵との間にカーボン紙を挟み、上からなぞる。板にクッキリと下絵を写すことができる。2枚目の板は、コピー用紙を裏返しにして写す。下のように左右対称の下絵ができる。

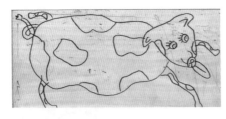 

## 第3幕　電動糸のこぎりで板をカットする　　　　（20分）

　「刃の前に手を置かないこと」「板を押さえながらゆっくり前に進めていくこと」を教える。電動糸のこぎりを使っている間は安全のために、教師は子どもから目を離さない。カットした後は紙やすりで磨く。

## 第4幕　板に彩色する　　　　　　　　　　　　（45分×2）

まず、色に対する意識を高める。

> どんな色を使いますか。

「明るくしたいからオレンジ」「さわやかにしたいから水色」など、色のイメージをふくらませていく。

色の濃さも重要である。

> 色は濃いほうが良いですか。薄いほうが良いですか。

板の色が透けて見えないよう、濃くハッキリと塗ることが大切である。

動物の色と背景の色の組み合わせも重要である。

> どんな色を組み合わせると良いですか。

子どもたちは様々な色の組み合わせを考え始める。

悩んでいる児童には「色相環」を見せて考えさせる。「補色」を使うと、互いの色を引き立て合うため、効果的である。

## 第5幕　ニスを塗り、組み立てる　　　　　　　　　（45分）

ムラにならないようにニスを塗る。組立には「木工用ボンド」を使用する。十分に乾かせば完成である。

### 5 作品鑑賞会を行う

> 友達の作品を見て、好きなところ、良いところを発表しましょう。

「表と裏で色の違いがあって良い」「動物の形が面白い」などの感想を共有することで、絵の見方や感じ方を深めていくことができる。

（森本和馬）

# 「紅白梅図屏風」を分析しよう

## 1 準備物（コラージュ屏風を作る場合）

2つ折りカード（A5サイズ、人数分×2）、セロハンテープ、ネームペン、はさみ、カッター、カッティングマット、のり

## 2 授業のねらい

▶尾形光琳「紅白梅図屏風」の鑑賞を通して、光琳の表現の意図や特徴などについて考え、自分なりのイメージをもつことができる。

## 3 授業の進め方（全2時間）

日本文教出版の教科書「図画工作5・6下」に、尾形光琳の「紅白梅図屏風」がある。実物は教室の黒板とほぼ同じ大きさである。

> 分かったこと、気付いたこと、思ったことをプリントに書きなさい。

「白梅のほうは、画面から大きくはみ出している」「真ん中に川が流れている」「金色があるから、お金持ちの持ち物ではないか」などの意見が出る。

> この屏風、どんな時に飾ったと思いますか。

近くの人と自由に話し合う。子どもたちは「宴会をする時」「お正月のおめでたい時」「お殿様を呼んだ時」「結婚式」などと予想する。

> 紅白梅が並ぶのと、白梅と白梅が並ぶのとでは、どのように違いますか。

紅白梅の方は、入学式や卒業式の紅白幕を思い出させる。

再度「どんな時に飾ったと思いますか」と尋ねると、お祝い事の時に飾るも

酒井臣吾発　このシナリオ "いいね" は "ここ"

「屏風絵を分析するという方法で鑑賞させる発問が見事。コラージュも『和』を取り入れて面白い」

のだと分かる（「紅白梅図」は、弘前藩・津軽家の婚礼のお祝いの品だった）。

> 昼でしょうか、夜でしょうか。

近くの人と話し合わせた後、理由も付けて発表させる。
「昼だと考えます。梅の花が見えているからです」
「夜だと考えます。真ん中の川が黒く描かれているからです」

> 仮に夜だとしたら、月は出ていますか。

「真ん中の川の模様が光っているから、月は出ているのではないか」
「金色の部分は、積もった雪が月に照らされているのではないか」
　子どもたちはイメージを広げる。再度「昼でしょうか、夜でしょうか」ときけば、子どもは昼と夜の両方の見方ができることに気付く。
　黒板に「『紅白梅図屏風』は〇〇を表している」と書く。

> 要するに、何を表しているのですか。〇に言葉を入れてごらんなさい。

子どもたちから「祝福」「男女」「立春」など発表する。
　2時間目には、「紅白梅図」の構図を参考に、コラージュ屏風を作る。
　次のステップで、楽しいコラージュ屏風を作れる。

① 2つ折りカードを横に2枚つなげる。
② 真ん中の水流を模写させる。
③ 画像の切り抜きを、屏風の両側に貼る。

（後藤隆一）

# 「猫のお話」を作ろう

▶▶ 場面の様子が伝わるような絵を描いて、お話を作ろう

**1 準備物**

絵の具セット、クレヨン、油性ペン、コピー用紙、原稿用紙、
8つ切り色画用紙（黄緑色・水色・黄色・ピンク色）

**2 授業のねらい**

▶場面の様子が伝わるような絵を描くことができる。

**3 単元の流れ（全5時間）**

1.猫を描く練習をする（45分）
2.場面の様子を考えて絵を描く（45分×3）
3.絵を並べ替えてお話を作る（45分）

**4 授業の進め方**

| 第1幕 | 猫を描く練習をする | （45分） |
|---|---|---|

　見本作品を見せる。「絵を並べて猫のお話を作ること」「まずは主役となる猫の描き方を練習する必要があること」を説明する。
　「猫の顔」を描く順序とポイントを教える。

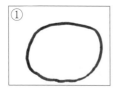   

① 油性ペンで「○」を描く。少し平べったくした方がかわいい猫になる。
②「○」の中に、目、鼻、口を描く。
③ 耳、ひげ、歯を描く。模様を描くと、さらに猫らしくなる。
④ 顔のパーツを片側に寄せれば、「横向き」にすることができる。

| このシナリオ"いいね"は"ここ" |
| --- |
| 「最初の作品例がすばらしい。このような例が、主体的で深い学びを生み出す」 |

次に、猫の体を描く順序とポイントを教える。

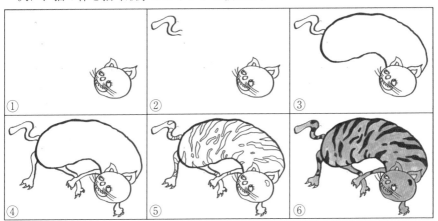

① 頭を描く。目、口、鼻の位置を工夫する。

② しっぽを描く。遠くに描くと、体を大きく描くことができる。

③ 胴体を曲げて描く。まっすぐ描くと、「動き」がなくなってしまう。

④ 足を描く。向きを工夫する。

⑤ 模様を描く。模様によって「ブチ猫」にも「トラ猫」にもなる。

⑥ 彩色する。絵の具かクレヨンで塗る。

　子どもたちは猫の「表情」や「動き」を追求しながら、何度も練習する。

## 第2幕　場面の様子を考えて絵を描く　　　　（45分×3）

「猫のお話」を絵にします。どこで、何をしている猫を描きたいですか。

　「草原で遊んでいる母猫と子猫」「木の上で遊んでいる猫」「屋根の上で遊んでいる猫」「海で夕日を見ている猫」……。

　4人グループを作る。1人1枚ずつ描く。「全員が異なる場面を描くこと」「猫の体の色や模様を合わせておくこと」がポイントである。

　どの絵も、以下のような3つの手順で描くことができる。

①「絵の舞台（屋根や海など）」を描く　②猫を切り貼りする　③仕上げ

色画用紙に描くことで、簡単に雰囲気を出すことができる。子どもたちは、「絵の舞台」と猫の組み合わせを楽しみながら追求していく。

## A「草原で遊んでいる母猫と子猫」（黄緑色の画用紙に描く）

① 緑色と黄緑色で草を描く。

② 母猫を大きく描き、切り貼りする。

③ 子猫を小さく描き、切り貼りする。子猫が楽しく遊んでいるように配置する。

④ 花を描く。

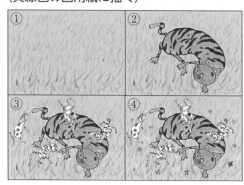

## B「木の上で遊んでいる猫」（水色の画用紙に描く）

① まず太い筆で太い幹を描く。
次に筆で枝を描く。
「幹や枝は先にいくにつれて細く描くこと」がポイント。

② 山などの遠景を描く。

③ 猫を切り貼りする。

④ 葉っぱを1枚ずつ描く。

## C「屋根の上で遊んでいる猫」（黄色の画用紙に描く）

① 屋根を描く。
瓦は1枚ずつしっかり描く。

② 屋根に色を塗る。青色や赤色、赤茶色などを塗る。

③ 山などの遠景を描く。
空を塗る。

④ 猫を切り貼りする。

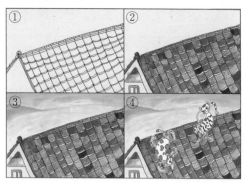

D 「海で夕日を見ている猫」（ピンク色の画用紙に描く）

① 「水平線」「砂浜の線」「夕日」
を描く。夕日はまず朱色を塗
り、その周りを黄色で塗って
表現する。

② 猫を描き、切り貼りする。

③ 藍色で影を描く。

④ 鳥を描く。

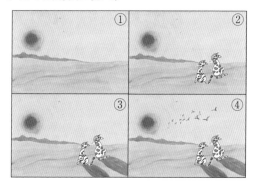

## 第3幕　絵を並べ替えてお話を作る　　　　（45分）

> グループごとに、絵を並べ替えてお話を作りましょう。

絵を並べたら、お話を作る。グループごとに発表する。

> ある日のことです。ニャン子が元気な4匹の赤ちゃんを産みました。
> 　2か月後、大きくなったニャン吉とニャン太は木に登って遊んでいました。
> 木の上から、大きな町が見えました。2匹はその町へと向かいました。
> 町に着いた2匹は、いつの間にか他の猫たちの縄張りに入っていました。
> 怒った猫たちがおそってきたので、2匹はあわてて屋根の上に逃げました。
> 屋根の上からは、きれいな海が見えました。
> 　2匹はその海に向かいました。2匹は並んで夕日を眺めました。
> お腹が空いたので、家に帰りました。

　いろいろな場面を描いたり、様々な並べ方を試したりすることで、おもしろ
いお話を作ることができる。

　発表会後、絵を並べ替えてお話を作り直すと、創意工夫することの楽しさを
一層感じることができる。深い学びになる。

（森本和馬）

# 遊べて飾れる妖精の人形を作ろう

▶▶ 見る、試すの繰り返しで、発想を広げて楽しく作ろう

## 1 準備物

ソックス（百円ショップで購入）片方で1人分、白ボール厚紙、
色画用紙15色ほど（強度がないが折り紙でも可）、毛糸、モール、
はさみ、スティックのり、セロハンテープ、木工用ボンド

## 2 授業のねらい

▶「じっと見る、とりあえず試す」の繰り返しで次々と発想を広げて、作品
を作ることができる。

▶友達の作品の良さを見つけて、自分の作品に生かすことができる。

## 3 単元の流れ（全4〜5時間）

1. 白ボール紙で土台の形を作り、ソックスに入れる（30分）
2. 目と口、その他の飾りを作って接着する（残り15分 +45分×3〜4回）

## 4 授業の流れ

見本作品を見せる。

この作品の良いところ、好きなところを発表しましょう。

「顔が面白い」「飾りがきれい」と子どもたちは、飾り付けの工夫を見つける。

## 第1幕　白ボール紙で土台の形を作り、ソックスに入れる（30分）

　主材料はソックスの片方だけ。いろいろな色と柄の物を用意する。まず膨らませて土台の形を作るための白ボール紙を入れる。左右対称でもいいし、非対称でも面白い。折ると膨らませることができる。手を入れたいなら手より大きく切る。

左右非対称

左右対称
折った物

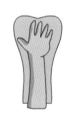
手より大きく
する場合

　大きすぎてソックスに入らない時はその都度修正する。また、あまり角張っているとソックスを破ってしまうので、角は切り落とす。

## 第2幕　飾りを作って接着する　　　（15分＋45分×3〜4）

　飾り付けのイメージを持たせるために子どもたちを目の前に集めて、対話しながら実際に作って見せていく。

> まず目を作ります。アイデアが何にも浮かばないなあ。
> じゃあ、とりあえず適当に色画用紙を切って置いて、
> じーっと見ますよ。どうですか？

「簡単すぎる」「あまり好きじゃない」

先生も気に入らないなあ。また適当に色画用紙を切って、
置きました。じーっと見ます。どう？

「まだ変だよ」「もっとかわいくしたい」

よおし、またとりあえず色画用紙を切って、
置きます。じーっと見ます。今度はどう？

「これならかわいい！」

さらに、じーっと見ます。鼻を作ってみようかと思いつきました。どう？

「いい感じ！」

さらに、じーっと見ます。まつ毛を作りたくなりました。
とりあえず切ってみます。似あう？

「似あう似あう！」「先生、口を作らないの？」

口を作って置きました。じーっと見ます。
鼻と合わない感じがしたので、鼻を取ってしまいました。

「鼻はあったほうがいいよ」「先生、鼻を新しいの作ろうよ」

じーっと見ます。やはり鼻が欲しいなあ。
鼻を大きくしよう！　置いてみます。どう？

「おもしろい！」「こっちの鼻のほうがいい！」
　このように対話をすることで、子どもたちは、飾り付けの仕方、イメージの
持ち方が分かっていく。

形が決まったら、のりで接着する。紙同士はスティックのり、紙とソックスは木工用ボンドを使う。児童によっては、のりの付け方を知らない子がいる。必ず紙を敷いてのりをはみ出させるように付けると、端までしっかりのり付けできることを見せる。

### 〈 毛糸やモールで飾り付けをする 〉

学級の半分以上の子どもたちの顔ができあがったら、毛糸やモールの使い方を教える。

毛糸も木工用ボンドで貼ることができるので、髪の毛などに活用できる。

モールを使うと手足や飾りに活用することができる。モールは先を曲げて丸めておく。手足にする場合は、ソックスにさしこんだ後に、中のボール紙にテープなどで固定する。

### 〈 制作途中に交流タイムを設ける 〉

制作途中で、子ども同士の作品交流会を設ける。

> 今から５分。作品を見て回ります。
> 友達の作品の良いところは自分の作品に真似してもいいのですよ。

優れた工夫のある作品を教師が取り上げて全員に紹介する。他の子の作品の良さを見つけるとともに、それを自分の作品に生かすことができる。子どもたちは、さらに人形作りを工夫する。

## 5 展示の仕方

完成作品はペットボトルを入れると、立たせて展示できる。付箋に良いところを書いて貼ることで、作品の良さや工夫を見つける目を育てることができる。

（原実践は北海道教育大学の佐藤昌彦氏）　　　　　　　　　　　　　　（大沼靖治）

# 未来の自分の姿を想像して作ろう

▶▶ 作りかえながら、動きのあるポーズを楽しく表そう

## 1 準備物

作成キット（市販）、ペンチ、ヘラ、絵の具セット、ニス

## 2 授業のねらい

▶動きをとらえ、表したいポーズを考えながら、未来の自分の様子を楽しみながら作ることができる。

## 3 単元の流れ（全6時間）

1. 芯材を使って、ポーズを作る（45分）
2. 粘土を付けて、形を作る（90分）
3. 着色する（90分）
4. ニスを塗る（30分）

## 4 授業の進め方

| 第1幕 | 芯材を使って、ポーズを作る | （45分） |
| --- | --- | --- |

▲競技かるたの名人（小6作品）

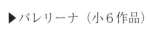
▶バレリーナ（小6作品）

参考作品（前頁下）を見せて、尋ねる。

> 5年後、10年後のあなたの夢は何ですか。

「陸上選手」「サーカスのピエロ」などと子どもたちは発表する。「そのような未来の自分の姿を粘土で作る」ことを伝える。ポイントは動きである。

> A君は「消防士」と言っていましたね。「消防士」のどんな動きを作りますか。

「ホースで水をかけているところ」とイメージを確定することで、ポーズ作りの時、工夫するようになる。「消防士」を例に、作り方を紹介する。

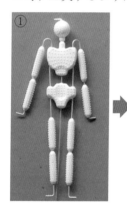
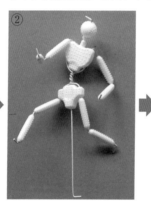

①作成キットに入っていた芯材。

②胴体をねじって、腰の部分を確定する。その後、動きをとらえながら、ポーズを作る。両手や両足の高さをそろえないようにする、首を曲げると動きが出る。

③台に固定する。

　③までできたら、教師に見せる。

> 動きをさらに出すにはどうすると良いですか。

④のように、足幅を広くし、膝を曲げ、体を反り気味にすることで「力強く
ホースで水をかけている」場面をより表現できる。このように、対話したこと
を生かして、子どもたちは作り変えて、ポーズをより良くしていく。

| 第2幕 | 粘土を付けて、形を作る | (90分) |

粘土の付け方にも、コツがある。

①体全体に、粘土を薄く付ける。まず、裸の状態を作る。

②その裸に服を着せていくように粘土を付ける。平らに薄くのばした粘土を腕
や胴体の周りに巻き付けると、服を着た感じを表現できる。つなぎ目はのば
して、ひび割れが起きないようにする。

顔にも、小さい鼻をつけると、雰囲気が出てくる。

②までできたら、教師に見せる。

> どんな工夫が、さらにできそうですか。

水をかけているところだから、ホースがいる。④のように、ストローを切っ
たものと太い紐をセロハンテープで付け、その上に粘土を付けると、⑤のよう
にホースができあがる。このように、身近な材料を使って工夫するのもいい。

消防士は、太いベルトをしている。粘土を薄く
のばして、服の周りに巻いて、ベルトを付け加え
た（③⑥）。

このように、対話したことを生かして、作り変
えて、より良い形にしていく。

| 第3幕 | 着色する | (90分) |
|---|---|---|

| 第4幕 | ニスを塗る | (30分) |
|---|---|---|

子どもたちは、様々な色の組み合わせを考えて、
塗る。

⑦のように、パーツが分かれる場合には、別々
に塗っていった方がやりやすい。

塗った後は、2～3日ぐらい乾かす。

ニスはムラがないように薄く塗るのがコツであ
る。

十分に乾かせば完成である（⑧）。

時間があれば、鑑賞会をし、良いところを言い合う。

▲消防士

▲ピエロでジャグリング

（上木信弘）

# 色の美しさで勝負！「菜の花のある風景」

▶▶ 菜の花と遠景の組み合わせで、美しい景色を表現しよう

## 1 準備物

菜の花の実物、ケント紙（4つ切りサイズ）、
絵の具セット、4B鉛筆（またはサインペン）、
ポスターカラー（レモンイエロー・イエローディープ・コバルトブルー・
ウルトラマリンディープ・セルリアンブルー）

## 2 授業のねらい

▶高さを変えて、菜の花を描くことができる。

▶近景（菜の花）と遠景（家並みや空など）を、位置や色を考えて、組み合
わせて描くことができる。

## 3 単元の流れ（全6時間）

1. 菜の花を描く（45分×2）
2. 遠景を描く（45分×2）
3. 空を塗る（45分）
4. 鳥や蝶、気球を描いて仕上げをする（45分）

「1本の菜の花の写生から鳥や蝶を描いて完成するまで、息もつかせぬ緊張感で制作できるシナリオ」

## 4 授業の進め方

| 第1幕 | 菜の花を描く | (45分×2) |
|---|---|---|

朝のうちに菜の花を摘んでおく。

描き始める前に、1人に1本ずつ渡す。

画用紙に置き、描いていく。

本物が手元にあるだけで、子どもたちは熱中して描く。

①つぼみを描く。

②花びらは4枚ずつ描く。花と花とを重ねて描く。

③横向きの花も描く。

④「菜の花の形」ができたら完成。

　描き方を覚えることで、子どもたちはどんどん絵に集中していく。

　続いて「茎」「種のさや」「葉」を描く。

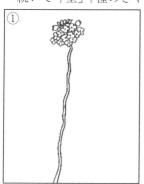 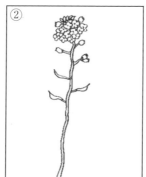 

①茎は垂直に描かない。「曲がり」がある方が生命感のある絵になる。

②横向きの花や「種のさや」を描く。

③大きめに「葉」を描く。

次は彩色。

① つぼみ。先の方から黄色、黄緑色、緑色を塗る。

② 花びら。ポスターカラーのレモンイエローを塗る。

③ 花の中心にイエローディープを塗ると「しべ」を表現できる。

④ 茎や種のさや、葉は黄緑色と緑色。2色を重ねて塗ると美しく仕上がる。

1本目を描き終えたら2本、3本と描いていく。

　高さを変えたり、「重なり」を入れたりすると、画面に動きが出てくる。

　子どもたちは、「このくらいの高さが良いかな」「重ねると良いかな」と考えながら描く。

　見本作品のように、少なくとも1本は画用紙いっぱいの高さにする。高く描くことで、菜の花の存在感を出すことができるからである。

## 第2幕　遠景を描く　(45分×2)

　地平線を描く。水平に描かないことがポイントである。また、地平線を画用紙の上に描きすぎると、空が狭くなってしまうので注意が必要である。

地平線の上に家並みや木々などを描く。隙間なく並べて描くことがポイント。隙間があると、家並みの雰囲気が出にくくなってしまう。

家並みの色には、明るい色を選ぶとよい。赤色やピンク色を塗ると、遠景を引き立てることができる。

草原は黄色。山並みはうっすらと青色や紫色を塗ると雰囲気が出る。

## 第3幕　空を塗る　　　　　　　　　　　　　　　　　　（45分）

空はポスターカラーを使う。「コバルトブルー」「ウルトラマリンディープ」「セルリアンブルー」の3色から1つを選ぶ。

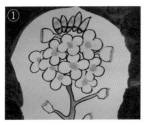  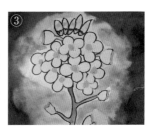

① 絵の具をドロドロに（水を少なく）して塗る。菜の花から1cm程度あけておく。

② 水だけを筆に含ませて、①で塗った色をぼかしていく。

③ 絵の具が乾く前にぼかしていく。

## 第4幕　鳥や蝶、気球を描いて仕上げをする　　　　（45分）

気球や蝶を描く時は、まず空の色を落とす必要がある。

描きたいところに、水をポトンと落とす。しばらく待ち、ティッシュで上から押す。これを2〜3回すると、色を落とすことができる。その場所に気球や蝶を描く。

鳥は、色を落とさずに、直接描く。

これらの仕上げによって、画面に動きが出る。一つ一つの作業を丁寧に積み上げることで、調和の取れた美しい作品に仕上がる。

（森本和馬）

# 「オツベルと象」で「怒り」を表現する

▶▶ 怒る象を、ダイナミックに表現しよう

## 1 準備物

4つ切り画用紙（白）、黒の油性ペン（太、細のツインもしくは単品でも可）、絵の具セット、蛍光ポスターカラー（黄、オレンジ）、象の写真

## 2 授業のねらい

▶怒る象を描くことができる。

▶背景の彩色により、主役を目立たせる方法を知る。

## 3 単元の流れ（全6時間）

1.象を描く（45分×2）

2.象を塗る（45分×2）

3.葉っぱ、つるなどを描く（45分）

4.遠景を描いて仕上げをする（45分）

## 4 授業の進め方

| 第1幕 | 象を描く | (45分×2) |

　宮沢賢治「オッベルと象」を読み聞かせた後、怒る象がこの絵の主役であることを確認する。

　象の顔から順に描いていく。

 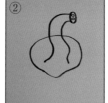 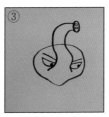 

① 顔の輪郭を描く。怒りを表すため、口の部分を突出させる。

② 鼻を描く。上部へ振り上げた方が、怒りを表現できる。

③ つり上がった目を描く。黒目が大きいとかわいくなるので小さく描く。

④ 口を描く。歯と舌も描く。

⑤ 耳を描く。ひらひらした感じで頭と同じくらいの大きさで描く。

⑥ 頭の後ろに小さく体を描く。

⑦ しっぽを描く。

⑧ 前足を描く。片足の裏が見えると躍動感が生まれる。体で見えない後ろ脚は描かない。足のシワは、曲がった内側に多く描く。

　仕上げとして耳、鼻、顔にシワを入れる。顔のシワを描き入れると、怒りをより強く表現できる。

　象の鼻に木を持たせたい場合は、木の幹の部分だけを鉛筆で描き、その後にペンで鼻を描く。最後に、木の幹をマジックでなぞれば、鼻で持っているように描ける。

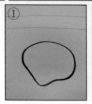   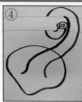 

　1頭目を描き終えたら、2頭目、3頭目と描いていく。体の大きさを変えたり、重なりを表現したりすると、集団性が生まれ、より迫力ある絵になる。

## 第2幕　象を塗る　　　　　　　　　　　　　　（45分×2）

　象を絵の具で塗る。顔と体は青、赤、黄、緑のいずれかを塗る。口の中は蛍光ポスターカラーのオレンジを使う。歯、白目、爪は、塗らない。

① 少しの赤に多くの白を混ぜる。ジュースくらいの薄さにする。鼻から塗る。大きな筆（15号程度）で大まかに塗り、細かいところは小筆で塗る。

② ペンで描いているシワを塗りつぶす形にする。うっすら線が見えたほうが効果的になる。

③ 口の中は、蛍光ポスターカラーのオレンジで塗る。

④ 舌は赤とオレンジを混ぜて塗る。色の配分は半々でよい。赤が多いと血の色に近くなるため注意する。（左の絵は、蛍光ポスターカラーのオレンジを使わなかった。その分、鮮やかさが落ちてしまう）

隣の象を塗る時は、別の色にする。

　奥の象たちが塗りづらい場合は、画用紙をひっくり返して塗らせると良い。

　象のしわのそばに、少し濃いめの色をかぶせる。象の顔や脚、体に影ができる。これにより、象の立体感が表現できる。

## 第3幕　葉っぱ、つるなどを描く　　　　　　　　（45分）

　象の脚に絡ませると、象の躍動感が増す。葉っぱを小さく描くと背景を塗る際に面倒になるので、「象の足の甲よりも少し小さめに葉っぱを描きましょう」と助言する。

　葉っぱは、蛍光ポスターカラーの黄色と黄緑を混ぜて、色々な濃さの葉っぱの色を塗らせると、葉っぱの群生に奥行きができる。

## 第4幕　遠景を描いて仕上げをする　　　　　　　（45分）

　背景は、藍色や深緑などの濃い色で塗る。象たちを目立たせるためである。ただし、黒は使用しない。

　場面は夜ではないので、遠い空は少々明るく彩色するように、子どもたちに、初めに確認しておく。

（青木勝美）

# 「おにぎり」から、様々なポスターが仕上がる

▶▶短時間で、食のポスター、人権ポスターなど様々なポスターが仕上がる

## 1 準備物

黒色の色画用紙（16切りの大きさ）2枚、クレヨン、白色の水性サインペン、薄茶色の色画用紙（16切りの大きさ）2枚、綿棒、のり、はさみ、水色、・草色・桜色・藤紫色などの色画用紙（4つ切りの大きさ）各15枚、黒の油性マジック（太と細の両方あるもの）、カラーマジックセット

## 2 授業のねらい

▶「おにぎり」を題材に、工夫してポスターを作ることができる。

## 3 単元の流れ（全4〜5時間）

1. おにぎりを描く、切り取る（45分）
2. 顔と手を描く、切り取る（45分）
3. 色画用紙を選び、配置を考え、貼る（45分）
4. どんなポスターにするか考える（90分）

▲お米推進ポスター

▲家族に関するポスター

## 4 授業の進め方

### 第1幕　おにぎりを描く、切り取る　　　　　　　（45分）

黒色画用紙（16切りサイズ）に、おにぎりを描く。おにぎりの形は、三角形、丸、長丸などがある。一部分をかじっている形にしてもかまわない。右の参考作品を見せ、自分の好きな形を考えさせる。

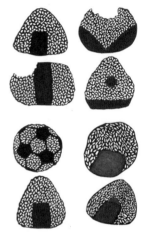

形が決まったら、黒画用紙におにぎりの形を鉛筆で描く（大きめに）。さらに海苔をどの部分に付けるか考え、鉛筆で描く。

次は色塗り。海苔の部分はクレヨン。青色か緑色かこげ茶色で塗る。クレヨンで塗ると、ザラザラ感が残る。そこで、綿棒でなでると、ザラザラ感がなくなり、色鮮やかになる。

米粒は、白色の水性サインペンで描く。ポイントは次の3つ。

**① 米粒を縦長に描くこと**

**② 米粒同士をくっつけないこと**

**③ 米粒の大きさ・方向をそろえないこと**

おにぎりは1個描けば十分。2個以上描きたい子には、取り組ませる。

仕上がったら、上のように、はさみで切り取る。縁の黒い部分を少し残すようにするのがコツ。

切り取ると、子どもたちは、おにぎりを食べる真似をするだろう。

### 第2幕　顔と手を描く、切り取る　　　　　　　　（45分）

薄茶色の色画用紙（16切りサイズ）に、顔を黒の油性マジック（太い方）で描く。鼻の穴、鼻、口と歯、目、まゆ毛、あご、輪郭、耳、髪の毛の順に描く。ポイントは、①口を開けること、②歯の部分をやや誇張気味に描くこと。この2つのポイントで、「食べる」というテーマが出る。さらに、目を大きめに描くと、かわいらしくなる。

次は彩色。目の白い部分と歯については、白色で塗る。

ほっぺと唇は、クレヨンの朱色と桃色を重ねて塗る。右の作品のように、口の近くに米粒を描いてもいい。

手も薄茶色の色画用紙（16切りサイズ）に描く。手の甲を丸く描いた後、残りの指を描けば、仕上がる。

顔と手が仕上がったら、左写真のように、はさみで切り取る。縁の部分を少し残すようにする。

## 第3幕　色画用紙を選び、配置を考え、貼る　　（45分）

手順は、次の通り。

① 広い場所に、色画用紙（4つ切り）を並べる。「おにぎり」、「手」、「顔」を色画用紙に上に置いてみて、何色の色画用紙にするか、決める。

② 決めた色画用紙の上で、「おにぎり」、「手」、「顔」をどう配置するか、あれこれ動かしてみる（次頁上の左写真）。3通り以上考える。4つ切りの色画用紙が大きい場合には、切って、小さくする。

③ 配置が決まったら、鉛筆で印を付ける（印を付けないと、のり付けの時に分

からなくなる)。その後、のり付け。

すると、前頁の下のようになる。

配置を考えると、さらに友達の顔を描いたり、おにぎりを描いたりアイデアが浮かんでくる(右写真)。追求がさらに始まる。

---

## 第4幕　どんなポスターにするか考える　　　(90分)

① 絵に合う言葉を考える。

② 言葉を考えたら、色画用紙に直接書き込んだり、別の画用紙に言葉を書いて、切り取って、並べかえて貼り付けたりする。

③ さらに、テーマに合うパーツを描き加えたり、貼ったりするなど創意工夫を生かしていく。

「おにぎり」という題材から、食のポスター、お米推進ポスター、人権ポスター、いじめ防止ポスターなど、様々なポスターを仕上げることができる。

(上木信弘)

◎執筆者一覧　　※印は編者

| 酒井臣吾 | 酒井式描画指導法研究会主宰　※ |
| --- | --- |
| 相浦ゆかり | 新潟県公立小学校教諭 |
| 片倉信儀 | 宮城県公立小学校教諭 |
| 佐藤貴子 | 愛知県公立小学校教諭 |
| 佐々木智穂 | 北海道公立小学校教諭 |
| 原口雄一 | 鹿児島県公立小学校教諭 |
| 村田正樹 | 福井県公立小学校教諭 |
| 大沼靖治 | 北海道公立小学校教諭 |
| 森本和馬 | 福井県公立小学校教諭 |
| 上木信弘 | 福井県公立小学校教諭　※ |
| 小林俊也 | 熊本県公立小学校教諭 |
| 松浦由香里 | 和歌山県公立小学校教諭 |
| 後藤隆一 | 茨城県公立小学校教諭 |
| 吉良幹子 | 大分県公立小学校教諭 |
| 佐藤　学 | 岩手県公立小学校教諭 |
| 勇　和代 | 大阪府公立小学校教諭 |
| 井上和子 | 徳島県公立小学校教諭 |
| 伊藤夕希子 | 北海道公立小学校教諭 |
| 廣川　徹 | 北海道公立小学校教諭 |
| 青木勝美 | 北海道公立小学校教諭 |

◎監修者

谷　和樹（たに・かずき）

玉川大学教職大学院教授


◎編者

酒井臣吾（さかい・しんご）

上木信弘（うえき・のぶひろ）


授業の腕が上がる新法則シリーズ

「図画工作」授業の腕が上がる新法則　4〜6年生編

2020年5月10日　初版発行

監　修　谷　和樹
編　集　酒井臣吾・上木信弘
執　筆　「図画工作」授業の腕が上がる新法則 4〜6年生編　執筆委員会

発行者　小島直人
発行所　株式会社学芸みらい社
　　　　〒162-0833　東京都新宿区箪笥町31箪笥町SKビル
　　　　電話番号 03-5227-1266
　　　　http://www.gakugeimirai.jp/
　　　　E-mail : info@gakugeimirai.jp
印刷所・製本所　藤原印刷株式会社
企　画　樋口雅子
校　正　境田稔信
装　丁　小沼孝至
本文組版　橋本　文

ISBN978-4-909783-36-3 C3037

# 授業の腕が上がる新法則シリーズ　全13巻

## 監修：谷 和樹（玉川大学教職大学院教授）

**新指導要領対応！**

新教科書による「新しい学び」時代、幕開け！
2020年度からの授業スタイルを「見える化」誌面で発信！

**4大特徴**

| 基礎単元＋新単元をカバー | 授業アイデア＆スキル大集合 |
| 授業イメージ、一目で早わかり | 新時代のデジタル認識力を鍛える |

◆「国語」授業の腕が上がる新法則
村野 聡・長谷川博之・雨宮 久・田丸義明 編
978-4-909783-30-1　C3037　本体1700円（＋税）

◆「社会」授業の腕が上がる新法則
川原雅樹・桜木泰自 編
978-4-909783-32-5　C3037　本体1700円（＋税）

◆「算数」授業の腕が上がる新法則
木村重夫・林 健広・戸村隆之 編
978-4-909783-31-8　C3037　本体1700円（＋税）

◆「理科」授業の腕が上がる新法則※
小森栄治・千葉雄二・吉原尚寛 編
978-4-909783-33-2　C3037　本体2400円（＋税）

◆「生活科」授業の腕が上がる新法則※
勇 和代・原田朋哉 編
978-4-909783-41-7　C3037　本体2400円（＋税）

◆「音楽」授業の腕が上がる新法則
関根朋子 編
978-4-909783-34-9　C3037　本体1700円（＋税）

◆「図画工作」授業の腕が上がる新法則
1～3年生編※
酒井臣吾・谷岡聡美 編
978-4-909783-35-6　C3037　本体2400円（＋税）

◆「図画工作」授業の腕が上がる新法則
4～6年生編※
酒井臣吾・上木信弘 編
978-4-909783-36-3　C3037　本体2400円（＋税）

◆「家庭科」授業の腕が上がる新法則
白石和子・川津知佳子 編
978-4-909783-40-0　C3037　本体1700円（＋税）

◆「体育」授業の腕が上がる新法則
村田正樹・桑原和彦 編
978-4-909783-37-0　C3037　本体1700円（＋税）

◆「道徳」授業の腕が上がる新法則
1～3年生編
河田孝文・堀田和秀 編
978-4-909783-38-7　C3037　本体1700円（＋税）

◆「道徳」授業の腕が上がる新法則
4～6年生編
河田孝文・堀田和秀 編
978-4-909783-39-4　C3037　本体1700円（＋税）

◆「プログラミング」授業の腕が上がる新法則
許 鍾萬 編
978-4-909783-42-4　C3037　本体1700円（＋税）

**各巻A5判並製**
※印はオールカラー

---

## 激動する社会の変化に対応する教育へのパラダイムシフト ── 谷 和樹

　PBIS（ポジティブな行動介入と支援）というシステムを取り入れているアメリカの学校では「本人の選択」という考え方が浸透しています。その時の子ども本人の心や体の状態によって、できることは違います。それを確認し、あくまでも本人にその時の行動を選ばせるという方法です。これと教科の指導とを同じに考えることはできないかも知れません。しかし、「本人の選択」を可能にする学習サービスが世界的に広がり、増え続けていることもまた事実です。

　また、写真、動画、Webページなど、全教科のあらゆる知識をデジタルメディアで読む機会の方が多くなっているのが今の社会です。そうした「デジタル読解力」について、今の学校のカリキュラムは十分に対応しているとは言えません。

　子どもたち「本人の選択」を保障する考え方、そして幅広い「デジタル読解力」を必須とする考え方を公教育の中で真剣に考える時代が到来しつつあります。

　本書ではこうしたニーズにできるだけ答えたいと思いました。

　本書の読者のみなさんの中から、そうした問題意識をもち、一緒に研究を進めていただける方がたくさん出てくださることを心から願っています。

# 小学校教師のスキルシェアリング
## そしてシステムシェアリング
### ―初心者からベテランまで―

# 授業の新法則化シリーズ
## ＜全28冊＞

## 企画・総監修／向山洋一 日本教育技術学会会長 TOSS代表

### 編集執筆 TOSS授業の新法則 編集・執筆委員会

### 発行：学芸みらい社

　1984年「教育技術の法則化運動」が立ち上がり、日本の教育界に「衝撃」を与えた。そして20年の時が流れ、法則化からTOSSになった。誕生の時に掲げた4つの理念はTOSSになった今でも変わらない。
1. 教育技術はさまざまである。出来るだけ多くの方法を取り上げる。（多様性の原則）
2. 完成された教育技術は存在しない。常に検討・修正の対象とされる。（連続性の原則）
3. 主張は教材・発問・指示・留意点・結果を明示した記録を根拠とする。（実証性の原則）
4. 多くの技術から、自分の学級に適した方法を選択するのは教師自身である。（主体性の原則）
　そして十余年。TOSSは「スキルシェア」のSSに加え、「システムシェア」のSSの教育へ方向を定めた。これまでの蓄積された情報をTOSSの精鋭たちによって、発刊されたのが「新法則化シリーズ」である。
　日々の授業に役立ち、今の時代に求められる教師の仕事の仕方や情報が満載である。ビジュアルにこだわり、読みやすい。一人でも多くの教師の手元に届き、目の前の子ども達が生き生きと学習する授業づくりを期待している。
（日本教育技術学会会長　TOSS代表　向山洋一）

学芸を未来に伝える
## 学芸みらい社
GAKUGEI MIRAISHA

株式会社 学芸みらい社
〒162-0833 東京都新宿区箪笥町31 箪笥町SKビル3F
TEL:03-5227-1266（営業直通） FAX:03-5227-1267
http://www.gakugeimirai.jp/
e-mail:info@gakugeimirai.jp